EL ESPÍRITU DEL ANTICRISTO

MIGUEL ÁNGEL KIRCOS

La misión de EDITORIAL VIDA es proporcionar los recursos necesarios a fin de alcanzar a las personas para Jesucristo y ayudarlas a crecer en su fe.

Miami, Florida 33166-4665

Diseño de cubierta: *Pixelium*

Diseño interior: *Margarita Jarquín*

ISBN 0-8297-3607-7

Categoría: Vida Cristiana

Impreso en Estados Unidos de América

Printed in the United States of America

02 03 04 05 06 ❖ 05 04 03 02 01

CONTENIDO

PRÓLOGO

EL ESPÍRITU DEL ANTICRISTO

Creo firmemente que este libro impactará por su contenido de extrema actualidad. En una generación bombardeada por la tecnología y la informática, era necesario adentrarnos en un tema escasamente enseñado desde nuestros púlpitos y aulas evangélicas. En un tiempo como el que vivimos, en que es imperativo acelerar el proceso de la predicación de la Palabra, el contenido de esta obra, nos ayudará a comprender por qué el Espíritu del Anticristo se antepone a todo lo que sea de Dios para desacelerar el impacto que produce la predicación del evangelio.

¿Cuál es el cometido del espíritu del Anticristo? Justamente la antítesis de todo lo que ofrece Cristo (paz, gozo, seguridad, dominio propio, etc.). El Espíritu del Anticristo produce en sí mismo soberbia, mentira, inseguridad, ignorancia y opera en la mente y el corazón donde planifica todas sus operaciones de destrucción y muerte.

¿Será que todavía está vigente la aseveración que encontramos en Oseas, «Mi pueblo pereció por falta de conocimiento»? ¿O ya hemos aprendido a reconocer que en la dispensación de la gracia, en la cual nos toca vivir, el diablo está vencido y derrotado y que en Jesús somos más que vencedores y que nada nos apartará del amor de Dios? Promesas vigentes que nos dan seguridad sin desconocer que *El Espíritu del Anticristo* está vigente y operando hoy en el mundo.

Agradezco al evangelista Miguel Angel Kircos por este libro tan esclarecedor y útil para la iglesia del siglo XXI.

Pastor Pablo Lago
Comunidad Cristiana
La Roca Firme
Miami, Florida

INTRODUCCIÓN

EL ESPÍRITU DEL ANTICRISTO

A lo largo del servicio a Dios, en la evangelización, tuve la oportunidad de asistir a muchas personas y familias de diferentes culturas, tradiciones, lenguas y posiciones sociales.

En muchas de estas ocasiones tratando de ayudarles, me vi en la necesidad de profundizar en sus vidas y conocer el motivo de sus aflicciones. Por supuesto, siempre, cuidando y respetando la integridad de ellos.

En casi todos los casos encontré desorientación y confusión como la causa de sus sufrimientos.

Recuerdo algunas de las personas que pudimos ayudar a salir de situaciones desastrosas. Padres de familias, jóvenes, ancianos, que cargando grandes pesos espirituales en sus corazones durante años vivieron en una angustiosa oscuridad.

Estas personas, jamás encontraron la paz.

He visto correr muchas lágrimas de personas que al darse cuenta del engaño al que estuvieron sometidos, sintiéndose decepcionados y cargados por una profunda tristeza, descubrieron que fueron estafados por «supuestos salvadores», de las dificultades que nos toca enfrentar a todos en la vida.

En una sociedad tan rebelde y convulsionada como esta, Jesús declara en Lucas 17:1: «Los tropiezos son inevitables, pero ¡ay de aquel que los ocasiona!»

Sin embargo, cuando Jesús nos advierte que en el mundo afrontaremos aflicciones, también dice que nos animemos, pues él ha vencido al mundo. «Yo les he dicho estas cosas para que en mí hallen paz. En este mundo afrontarán aflicciones, pero ¡anímense! Yo he vencido al mundo» (Juan 16.33).

En nuestros programas de televisión; que en su mayoría están compuestos por testimonios, que gentilmente dan los que fueron transformados por el poder de Dios, se demuestra que antes vivían confundidos y cegados. Luchaban por encontrar una salida y por ser diferentes, pero no tenían éxito. Aunque probaron muchísimos métodos que el mundo ofrece, siempre fracasaron.

Lo mismo ocurre en las cruzadas, donde cientos y miles vienen buscando escapar de las prisiones.

Muchos oprimidos que viven en tinieblas, atormentados y atados, encuentran la liberación de sus almas sufrientes en el poder sobrenatural de Jesucristo.

Es allí donde nos damos cuenta que existe una actividad invisible que tiene influencia sobre las personas. Así ocurrió conmigo, cuando me di cuenta de mi vanidad, de mi debilidad y los años de fracasos vividos antes de encontrar a mi libertador, Jesucristo.

Capítulo 1

¡PAZ!... EL RECLAMO INDIVIDUAL Y UNIVERSAL DE LAS ALMAS

A través de estos últimos años hemos presenciado innumerables esfuerzos mundiales por alcanzar la paz en Medio Oriente, en los diferentes países de América, África, etc.

Se hacen innumerables esfuerzos por frenar los ensayos nucleares, por contener el avance de enfermedades como el cáncer, el SIDA y otras, por disminuir la delincuencia y violencia callejera, pues ya las cárceles no son suficientes para albergar a tantos delincuentes y asesinos que proliferan. Disminuir la pobreza causada por las maldiciones y desastres naturales que azotan a los pueblos, como también, la opresión de hombres egoístas y avaros que gobiernan injustamente saqueando lo que por derecho le pertenece al prójimo.

Es lamentable que todos los esfuerzos terminan en fracaso. El ser humano se siente impotente.

Es indudable, que las señales profetizadas por Cristo en Mateo 24, están cumpliéndose, marcando el tiempo, con exactitud y a pasos acelerados.

En estos momentos veo y escucho, por los diferentes medios de comunicación el dolor y la desesperación de personas que fueron heridas al perder familiares y posesiones, por la guerra en Medio Oriente; en los países desmembrados de la antigua Unión Soviética (Rusia); la guerrilla en Suramérica; la devastación de terremotos y huracánes en Centro América, Japón, India, etc. Genocidios en África, Oriente, donde millones son deportados y matados.

En los moradores de aquellos lugares se puede palpar el tremendo dolor y angustia. Allí se ve la impotencia del ser humano, que se manifiesta en el esfuerzo por terminar con la miseria, la violencia, la injusticia, la mentira, la codicia y las guerras que tantas vidas han cobrado.

Pensar que estos esfuerzos pueden tener éxito, sería una hermosa ilusión. No es mi intención ser pesimista, pero sí puedo darme cuenta de una realidad: «El ser humano está limitado, aunque tiene la gran posibilidad de cambiar su vida y ayudar a cambiar la de otros».

¡El mundo clama por un cambio general, y ese cambio vendrá, pero antes, deben venir los acontecimientos señalados y profetizados en las Escrituras! Que no quepa la menor duda, que ese clamor está llegando a la presencia de Dios. Él conoce la situación de su creación, que ardientemente está esperando la manifestación de los hijos de Dios.

Si todos los esfuerzos humanos por ser libre, por encontrar la paz, por cambiar la forma de vida y el destino final terminan en fracaso para los hijos de Dios, todo es diferente, pues aunque vivimos en este mundo, que muchas veces nos salpica con su inmundicia, no somos de este mundo. Vivimos en el reino de Dios, donde su justicia, su verdad, su paz y poder son diferentes; donde su amor no es egoísta ni espera nada a cambio, sino que su amor es incondicional y verdadero.

Es indudable que la situación ecológica, política, económica y social en el mundo, es cada vez más desastrosa. Los desequilibrios, cada vez son mas frecuentes y pronunciados. Los ajustes que se realizan en la economía y la política traen un costo social muy elevado. Muchas veces, he escuchado decir que el pueblo que trabaja y sufre siempre es tratado injustamente y robado en sus propias narices, entonces, las riquezas son mal distribuidas y quedan en manos de unos pocos que oprimen a aquellos que solamente deben pagar cada vez más impuestos.

Nunca tuve un pensamiento comunista ni estoy de acuerdo, pues el comunismo ha sido injusto en muchos asuntos de su política; pero sí sé, que según los principios bíblicos para la vida del hombre, están distorsionados. Donde el mundo pareciera navegar en una nave que se mueve en medio de un océano, en círculo, como consecuencia de haberse averiado la brújula. La tripulación se esfuerza vanamente buscando un rumbo fijo. Pero, ¿quién está timoneando esa nave? Es alguien invisible que mueve la nave y no se puede controlar. ¿Quién es el que controla la nave? Tal es la confusión, que todos corren de aquí para allá, muchos parecen enloquecer, algunos se resignan y otros reflexionan. Lo mejor que podemos hacer es... REFLEXIONAR.

En todo el mundo se vio la película *Titanic*. En ella vimos un ejemplo claro de la realidad de este mundo. Una nave que se creía, que ni Dios la podía hundir, esa fue el sentir de sus constructores y viajeros. Todo era fiesta, jolgorio y cuantas formas de lujuria nos podemos imaginar. Sin embargo, de repente, cuando nadie lo esperaba, apareció un «iceberg» que chocó contra ella. Nadie imaginaba que una gigantesca masa de hielo podía aparecer allí y dar contra la nave. Todos conocemos los esfuerzos que se hicieron por salvarla así como a la multitud que viajaba en ella. Todo fue en vano, la nave se hundió y más de 1200 personas perecieron esa noche en las frías aguas del Atlántico Norte. Todo fue un caos...

Muchos hasta hoy se preguntan, ¿cómo fue a parar allí esa masa de hielo? Pero es que hay alguien que conoce todas las cosas.

Es oportuno pensar que esta gran nave representa al mundo. Que el mismo está siendo dirigido por alguien que sabe bien lo que hace; que tiene propósitos bien claros; que trabaja arduamente. Sin embargo, hay otro que también sabe lo que hace, es el Creador de esta nave, sabe todo lo que en ella sucede, conoce al intruso que la mueve, pero también, a su tiempo se hará cargo de todo el control, ese es Dios. Al Titanic, ni su creador ni su constructor, ni el capitán, lo pudieron salvar. Sin embargo, no es así con el Creador, él sabe lo que hará con este mundo, especialmente con aquellos que le conocen y obedecen.

Es indudable que a estas alturas, usted y yo, no nos demos cuenta que necesitamos descubrir de quién se trata, ¿quién es aquel que está enloqueciendo al mundo? ¿Quién mueve la nave? Para esto, debemos acercarnos a la Biblia, la Palabra de Dios.

Muchos pasajes bíblicos nos muestran la tremenda influencia de poderes espirituales que mueven a la humanidad.

Desde la misma creación estos poderes invisibles vienen golpeando al hombre, representados y dirigidos por el mayor de ellos, el cual vendría a ser el capitán de un ejército espiritual, cuyo único propósito es llevar al fracaso general a la sociedad. Una sociedad confundida, que tiene sus valores y principios morales y espirituales totalmente cambiados, podríamos añadir, degenerados.

Este primer fracaso tiene su comienzo en la misma creación. Cuando leemos las Escrituras en los primeros tres capítulos del Génesis vemos que Dios crea todas las cosas.

El ser humano había recibido de Dios toda potestad, sobre todas las cosas en la tierra, sin embargo, como consecuencia de su pecado, cedió los derechos a otro personaje perdiendo los poderes para sojuzgar y enseñorear.

Aunque el hombre le dio la espalda a Dios, él en su misericordia y gracia nunca ha dejado de amarle.

A pesar de la perversión de su corazón y la rebeldía hacia él, Dios lleva hacia delante su plan redentor enviando a Jesucristo, que entrega su vida en la cruz, muere y resucita de entre los muertos por cada hombre y mujer que nace y vive en este mundo. Una obra de amor, compasión y poder que ningún ser humano merece.

Fue en aquel momento, que vino la gran posibilidad de reflexionar y detener la carrera desenfrenada de la confusión y el error.

Sin embargo, las naciones, en su mayoría, no quieren oír esta alternativa que Dios ofrece, cumpliéndose la profecía de Mateo 24: «La maldad va en aumento, el amor de muchos se enfría, las guerras aumentan, la intolerancia, la indiferencia y la apatía contra las enseñanzas de Cristo son cada vez mas descaradas». Actualmente, como muestra de lo que estamos diciendo, acaban de aprobar que se eliminen los diez mandamientos de todo lugar público (escuelas, universidades, juzgados, instituciones gubernamentales, etc.).

Todas estas, más las mencionadas al principio, como dijimos, son señales de los últimos tiempos, aunque existen algunas otras profecías que deben sumarse al cumplimiento.

Entre ellas encontramos la manifestación del anticristo. Este es el tema que vamos a tratar en este libro. Si bien no hablaremos sobre dicha manifestación, pues aun no se ha efectuado, sí trataremos sobre la tremenda influencia sobre las diferentes áreas de la sociedad en que vivimos.

El anticristo, aún no apareció, aunque la Biblia, habla claramente de su obra destructora cuando gobierne. Estos anuncios proféticos fueron adelantados para advertir a la humanidad del peligro que se avecina.

No debemos perder de vista la nave que sigue movida por alguien invisible. Este alguien tiene vigencia y esta operando, aunque el anticristo todavía no se ha manifestado.

Lo que más me preocupa es la falta de discernimiento de muchos cristianos, que aún están entretenidos con los pasatiempos de la vida, esperando no ver los días de la manifestacion del anticristo.

Estos no se dan cuenta que su espíritu les está acosando en todos los ámbitos de sus vidas.

Sobre las diferentes culturas y estratos sociales el espíritu del anticristo no pide permiso para entrometerse. Tiene abundantes métodos, formas, estrátegias y armas en el mundo desde hace mucho tiempo. Y aunque muchos lo saben le dan la oportunidad de utilizar esos recursos en sus vidas.

Tal vez usted mismo no se ha dado cuenta que el carácter del anticristo está presionando su vida y la de su familia.

ADVERTENCIA DE SU MANIFESTACIÓN

Existe en la Biblía, una declaración importante, la que ha motivado profundizar sobre lo que estamos tratando. La misma se encuentra en 1 Juan 4:3: «Todo profeta que no reconoce a Jesús, no es de Dios sino del anticristo. Ustedes han oído que éste viene; en efecto, ya está en el mundo».

A medida que investigaba y oraba, fui descubriendo la tremenda verdad aquí revelada: *YA ESTÁ EN EL MUNDO*. Está presente en todos los rincones de cada ciudad, pueblo y nación. Esta declaración fue escrita unos setenta años después de Cristo.

Basta recorrer las bibliotecas, los periódicos y cualquier entidad informativa para certificar, en la historia de los pueblos, los conflictos y fracasos como consecuencia de la influencia de este espíritu.

Algunos preguntaran ¿Cómo puedo descubrirlo si no lo veo? En realidad, como dice la Biblia, las cosas espirituales solamente se pueden entender espiritualmente. Y esto, solo les concede a aquellos que han recibido el Espíritu Santo y viven guiados por él.

Los que no tienen el Espíritu Santo, les es velado, toda revelación espiritual.

Sin embargo, muchos, a pesar de no tenerlo, conocen el drama mundial a través de la voz de sus conciencias y por las permanentes denuncias del evangelio, pero no obedecen, por esta razón no pueden ser libres de las pasiones y estragos provocados por el espíritu del anticristo.

En el evangelio de Juan 3:19-21, Jesús declara lo siguiente: «Esta es la causa de la condenación: que la luz vino al mundo, pero la humanidad prefirió las tinieblas a la luz, porque sus hechos eran perversos. Pues todo el que hace lo malo aborrece la luz, y no se acerca a ella por temor a que sus obras queden al descubierto. En cambio, el que practica la verdad se acerca a la luz, para que se vea claramente que ha hecho sus obras en obediencia a Dios».

Es indudable que la perversión que existe en el mundo está a la vista de cada persona. Sin embargo, así como leímos, la tendencia es aceptar, cómodamente ese sistema de vida, y el ser humano, a pesar del sufrimiento que viene, como consecuencia del pecado, prefiere seguir viviendo prisionero del él, y golpeando su vida en contra las paredes de la oscuridad.

Muchas veces los hombres perciben y reconocen que una fuerza maligna es la que impulsa al ser humano a cometer toda clase de injusticias y barbaridades, sin embargo, parece que a muchos les gusta ser masoquistas.

Este material, para los que todavía no han recibido el Espíritu Santo, que es la tercera persona de la Trinidad, revelará la verdadera situación mundial. Pero esta, no la veremos desde la óptica del mundo ni de la política ni de la religión, sino desde el punto de vista del creador, Jesucristo.

En Juan 1:1-5, encontramos una revelación tremenda:

«En el principio ya existía el Verbo, y el Verbo estaba con Dios, y el Verbo era Dios. Él estaba con Dios en el principio. Por medio de él todas las cosas fueron creadas; sin él, nada de lo creado llegó a existir. En él estaba la vida, y la vida era la luz de la humanidad. Esta luz resplandece en las tinieblas, y las tinieblas no han podido extinguirla».

Ahora bien, si creemos que él es el creador, debemos admitir que lo ha hecho con propósitos buenos, sin embargo, hay sistemas y movimientos que se le oponen y son malos.

Cuando nos acercamos a la luz de Cristo, eso es precisamente lo que encontramos. Que existe una oposición engañosa que solamente trata de hacerle creer al ser humano, que todo está bien, que todo está normal.

Precisamente, aquellas cosas, que el mundo considera normales, son la fuente de aflicción y perturban el logro de la verdadera paz. La felicidad y el verdadero amor.

En realidad, mucho de lo que se considera normal, debe calificarse como totalmente «anormal». Muchas cosas que nacen en el corazón del hombre, y él las considera buenas, en realidad son dañinas.

La Biblía nos dice en Isaías 5:20: «¡Ay de los que llaman a lo malo bueno y lo bueno malo, que tienen las tinieblas por luz y la luz por tinieblas, que tienen lo amargo por dulce y lo dulce por amargo!».

La tendencia del ser humano, desde el principio, fue alterar los principios y leyes de Dios. Siempre fue aceptar y probar lo «visible y lo prohíbido». Como ocurrió en la creación, cuando Adán y Eva probaron del fruto prohíbido.

Recuerdo que de niño, sufría de asma. Por recomendación médica se me prohibió ingerir un dulce muy conocido en Sudamérica, dulce de leche.

Hasta el día de hoy, no sé la razón de aquella prohibición, sin embargo, cuanta oportunidad se me presentaba, a escondidas, me devoraba los recipientes de dulce de leche. ¡Imagínese las consecuencias!

Así somos los humanos, cedemos casi siempre cuando somos influidos a caer en la tentación por lo prohíbido, por lo que nos daña.

Cuando hablamos de influencia nos referimos a movimientos que trabajan en la voluntad y la actitud del ser humano y sobre la sociedad. Esos movimientos se pueden producir solamente porque una fuerza inteligente lo hace. Esa fuerza, es lo que conocemos como espíritu. Es inteligente porque planifica y opera conociendo los propósitos que desea alcanzar.

Para comenzar a revelar sus estrategias, planes y propósitos, primeramente debemos averiguar, ¿qué es espíritu?

¿QUÉ ES ESPÍRITU?

Sabemos, por experiencia y por revelación de la misma Palabra de Dios, que Dios es Espíritu.

La primera gran revelación en Génesis 1:2 dice: «El Espíritu de Dios iba y venía sobre la superficie de las aguas».

En los versos siguientes, relata, cómo Dios, siendo espíritu, creó todas las cosas en la tierra, que estaba desordenada y vacía. Esto confirma, lo que dijimos anteriormente, que un espíritu es inteligente, aunque sabemos que si Dios es el Creador de todo espíritu y las demás cosas, nada ni nadie puede ser más inteligente que él.

Pero lo importante también es que cuando Dios crea al hombre, dice la Biblía que «lo creó a su imágen» (Génesis 1: 27).

En Génesis 2:7 declara: «Y Dios el Señor formó al hombre del polvo de la tierra, y sopló en su nariz hálito de vida, y el hombre se convirtió en un ser viviente».

Esta se menciona solamente con relación al ser humano y demuestra la diferencia que existe entre el hombre y el resto de la creación, las plantas y los animales. Lo que distingue al hombre del resto de la creación es: «el espíritu».

Entonces, definimos, que lo que le da vida al ser humano es el espíritu: *Neuma.*

Es el soplo de vida que al venir de Dios le permite estar en contacto con él, tanto en esta vida terrenal como también en la eternidad.

Concluimos, que el espíritu es lo que le da vida al ser humano. Cuando una persona muere, pierde movimiento. Lo que sale del ser humano es el espíritu, que vuelve a Dios, pero el cuerpo, que es polvo de la tierra, vuelve a ser una cosa muerta. Es decir, las cosas inanimadas son movidas o cobran vida cuando reciben espíritu.

Podemos tomar el ejemplo más práctico y el que nos hace bien ratificarlo. La Biblia dice en Efésios 1:23, que la Iglesia es su «cuerpo», y en 4:3-4 dice cuerpo: «Esfuércense por mantener la unidad del Espíritu mediante el vínculo de la paz. Hay un solo cuerpo y un solo Espíritu».

Es decir, el Espíritu Santo es el que da vida al cuerpo la Iglesia, el que la sostiene y la mueve. Y el Espíritu tiene propósitos bien definidos en cuanto a lo que desea hacer con la Iglesia.

Sin embargo, la Palabra de Dios también nos revela que el hombre no es el único ser creado y movido por el espíritu. También se nos dice que Satanás, (Lucero, Isaías 14:12), quien fue el ángel creado para ministrar la alabanza y adoración celestial, es espíritu, pues aunque es una persona determinada, no tiene cuerpo físico propio. Sus huestes, los demonios al igual que los ángeles también son espíritu.

Estos demonios son los espíritus malignos que entran en el cuerpo de las personas con el fin de atormentarles y afligirles. Son aquellos que conocemos como endemoniados o poseídos. Vale la pena destacar, por experiencias vividas en el ministerio, que es horrible el tormento al cual son sometidas estas almas.

Definitivamente, un espíritu malo tiene propósitos malignos. ¿Por qué son malignos?, porque siempre están ocupados tratando de destruir lo que Dios creó, en especial al ser humano.

Así es como entendemos que hay un espíritu, que ya está en el mundo, moviendo las decisiones, influyendo sobre los pueblos y naciones, y sobre los gobiernos y en toda esfera de la sociedad en la cual tienen acceso.

Entonces cabe una pregunta, cuando vemos a nuestro alrededor las actitudes, los hechos comunes, los movimientos políticos, los eventos sociales y familiares, los movimientos estudiantiles y las doctrinas de educación secular como religiosa. ¿Cuál es el espíritu que los mueve?

Debemos pedir a Dios que nos dé discernimiento para diagnosticar el espíritu de los movimientos. El Apóstol Juan, en 1 Juan 4:1 dice: «Queridos hermanos, no crean a cualquiera que pretenda estar inspirado por el Espíritu, sino sométanlo a prueba para ver si es de Dios, porque han salido por el mundo muchos falsos profetas». Esto nos dice claramente que hay diferentes tipos de espíritus. Que detrás de cada movimiento hay un espíritu diferente. Por ejemplo, en nuestra vida cotidiana, como ya lo mencionamos, ante un acto religioso, político, una concentración, a través de los medios de comunicación, hay personas que tiene la capacidad de atraer la atención, etc. Es lógico preguntarse cuál es el espíritu que las mueve.

Un ejemplo claro fue aquel día, cuando una masa de personas fue movida a condenar y matar a Jesucristo. Un acto de injusticia total. Era en realidad un espíritu sedicioso, vengativo, de odio y de muerte, que influenció sobre aquella multitud para crucificar al Hijo de Dios, al Salvador del mundo.

Llegamos a una conclusión: Hay un movimiento con un propósito, entonces hay un espíritu con planes.

CARÁCTER DEL ESPÍRITU DEL ANTICRISTO

Antes de introducirnos en las diferentes áreas de influencia del espíritu del Anticristo, que ya está en el mundo, es conveniente analizar su carácter.

El carácter del espíritu del anticristo, su mismo nombre lo define. Es alguien que esta en oposición a Cristo.

Esta palabra esta compuesta por dos términos. Comienza con el prefijo «anti», que da la idea de oposición, antagonismo y adversidad. Siempre tiene un sentido contrario.

La otra palabra es «Cristo». Literalmente viene del griego y significa: «Mesías o Ungido», es decir, enviado por Dios con su poder para cumplir su plan redentor en el mundo.

Teniendo conocimiento del significado, arribamos a una realidad: Que el espíritu del Anticristo, siempre piensa y trabaja contra los propósitos del espíritu de Cristo.

Sus métodos también son contrarios a los del Salvador. En Cristo, encontramos: el amor, la paz, el gozo, la esperanza, la fe, la justicia, la humildad, y todas las bendiciones prometidas. En cambio, en el espíritu del anticristo, siempre podremos encontrar: odio, ansiedad, dudas, temor, celos, envidia, disoluciones, codicia, injusticia y soberbia. Este siempre ha sido su carácter, desde sus comienzos.

Los propósitos de Cristo, son buenos, siempre ha pensado y actuado para bendición del ser humano. Todo lo que Cristo planificó y cumplió, es para que el hombre sea bendito. En cambio, todo plan y propósito que el espíritu del anticristo cumple, es malo, siempre han sido causante de maldiciones.

La Biblía nos muestra claramente, a través de muchos pasajes reveladores, el carácter y los propósitos de este espíritu. El mismo, fue profetizado desde la antigüedad, antes de Cristo.

Estos pasajes si bien se refieren en su mayoría al anticristo materializado (encarnado), el cual será una persona que se levantará en los tiempos finales, nos muestran cuales son las intenciones de su espíritu, que está vigente.

El profeta Daniel en el capítulo 11:29-39, nos advierte que será un ser que se exalta a sí mismo, de carácter orgulloso y sacrílego. Hará pactos comerciales, políticos y religiosos, incluso, pensando en cambiar los tiempos y las leyes.

Notemos que, la influencia del espíritu del anticristo, desde la antigüedad, ha ido expandiéndose y actuando en todos estos ámbitos mencionados y de la misma manera.

En el mundo predomina un espíritu de orgullo y sacrilegio, lo cual es falta de temor a Dios, desprecio y rechazo de todo lo que se llame Cristo. Desde el trono asentado en Roma, muchos somos conscientes de toda clase de pactos y contrataciones comerciales y religiosos que vienen llevándose a cabo desde la antigüedad bajo un manto de hipocresía.

Por su parte, también, el profeta Isaías en el capítulo 14:12-14, muestra cuáles son los propósitos y su carácter desde el principio, cuando todavía se llamaba Satanás.

Él dice: ¡Cómo has caído del cielo, lucero de la mañana! Tú, que sometías a las naciones, has caído por tierra. Decías en tu corazón: «Subiré hasta los cielos. ¡Levantaré mi trono por encima de las estrellas de Dios! Gobernaré desde el extremo norte, en el monte de los dioses. Subiré a la cresta de las más altas nubes, seré semejante al Altísimo.»

En ese momento de su caída, es cuando su nombre cambió. Como también cambio su hábitat y sus dignidades. Junto con él cayeron sus seguidores, los cuales ya no son llamados ángeles, sino espíritus malignos o demonios.

En estos pasajes vemos la revelación determinante en cuanto a sus pretensiones de usurpar el poder, la gloria y autoridad de Dios.

Al igual que Lucero, ha habido personas influidas por el espíritu del anticristo, que han sido desleales a sus superiores y han provocado grandes derramamientos de sangre, por avaricia y ambición de poder. Asesinos de presidentes y reyes con la pretensión de ocupar sus tronos.

De estos acontecimientos, podemos sacar una enseñanza: Toda persona que pretende enaltecerse será humillada.

Dios, siempre es amor y justicia, pero nunca titubeará de responder a aquel que levanta su mano contra su Espíritu o contra alguien que le pertenece.

En Colosenses 3:3 dice que «nuestra vida esta escondida con Cristo en Dios»; de tal manera que podemos estar seguros que ningún espíritu nos hará daño, a menos que salgamos de su refugio.

El Salmo 91:1-16 dice: «El que habita al abrigo del altísimo se acoge a la sombra del todopoderoso». Yo le digo al Señor: «Tú eres mi refugio, mi fortaleza, el Dios en quien confío. Solo él puede librarte de las trampas del cazador y de mortíferas plagas, pues te cubrirá con sus plumas y bajo sus alas hallarás refugio. Su verdad será tu escudo y tu baluarte! No temerás el terror de la noche, ni la flecha que vuele de día, ni la peste que acecha en las sombras ni la plaga que destruye a mediodía.

Podrán caer mil a tu izquierda, y diez mil a tu derecha, pero a ti no te afectará. No tendrás mas que abrir bien los ojos, para ver a los impíos recibir su merecido.

Ya que has puesto al Señor por tu refugio, al altísimo por tu protección, ningún mal habrá de sobrevenirte, ninguna calamidad llegará a tu hogar. Porque él ordenará que sus ángeles te cuiden en todos tus caminos, con sus propias manos te levantarán para que no tropieces con piedra alguna. Aplastarás al león y la víbora; ¡hollarás fieras y serpientes! yo lo libraré, porque él se acoge a mí; lo protegeré, porque reconoce mi nombre. Él me invocará, y yo le responderé; estaré con él en momentos de angustia; lo libraré y lo llenaré de honores. Lo colmaré con muchos años de vida y le haré gozar de mi salvación».

En esta tremenda declaración por parte del salmista tenemos la plena seguridad de que ningún espíritu tiene posibilidad de hacer daño a aquellos que moran bajo la sombra de Dios. Aunque, si cualquier persona que sale de su sombra y a través del pecado y las obras de la carne le abre la puerta a Satanás, el espíritu del anticristo influirá sobre ella. No debemos olvidar la sutileza y astucia que le caracteriza y casi sin darse uno ni cuenta, puede caer en su trampa.

Sigamos con su carácter. El apóstol Pablo, en 2 Corintios 2:3, lo señala como hombre de pecado, un ser sumamente perverso y apóstata.

La primera característica es «perverso». Si lo tomamos como ejemplo, seguramente descubrimos que en este mundo existieron y existen muchas personas perversas. La perversidad se destaca por no tener escrúpulos y es incapaz de tener misericordia, pero en este caso se añade que es «sumamente», es decir, es mayor, es mucho peor.

¿Qué es ser apóstata?, significa: *alguien que traiciona, que reniega de su fe, de su pacto.*

En este sentido, también encontramos muchas personas con estas características en el mundo. Un ejemplo bien conocido es el de Judas Iscariote, que siendo discípulo y amigo de Jesús, habiendo vivido con él y participado de su gloria, apostató, renegando de su maestro, entregándolo a quienes le buscaron para matarle por una pocas monedas.

Otra de las más horrendas características las encontramos en el libro de Job, en los capítulos 1 y 2.

Allí descubriremos el carácter cruel, asesino, violento e intemperante. Cuando Job disfrutaba plenamente de todas las bendiciones que Dios le había dado, Satanás se propuso destruirlo. Comenzando por su familia, continuando con sus bienes y terminando con una enfermedad maligna en su cuerpo.

Este es el espíritu que hace temblar la tierra, que trastorna los reinos, que pone al mundo como un desierto, que asola las ciudades y que a sus presos no le abre la cárcel.

Estos pasajes, como otros, muestran definitivamente, el carácter del espíritu del anticristo.

Si bien casi todos hablan del personaje que actuó desde los albores de la humanidad, y del que se manifestará en los tiempos señalados para el anticristo, además, enseñan el tipo de espíritu que influye sobre las naciones, sobre las ciudades, sobre las familias y los individuos.

En Apocalípsis 13:14 dice: «Con estas señales que se le permitió hacer en presencia de la primera bestia, engañó a los habitantes de la tierra».

Este pasaje, como el de Isaías 14, nos muestra, de qué forma influye, debilitando y engañando a los moradores de la tierra, los cuales están sometidos a su voluntad. Ese es justamente el medio que utiliza; somete, presiona, domina y doblega la voluntad del ser humano, para dar a su tiempo el golpe final.

Es clara la evidencia de su acción. Desde el principio se levantó contra Dios y sus designios. Y desde Cristo, se levanta contra sus enseñanzas y el propósito de la cruz, que es salvar y cambiar la vida del hombre.

Hoy, vemos millones que están, sin darse cuenta, sujetos al engaño, con sus mentes confundidas y desorientadas. Ha creado un sistema perverso, «con innumerables tentaciones deliciosas a los ojos de los hombres», entre las que se destacan: la codicia, el materialismo, la soberbia, la promiscuidad sexual y el egoísmo. Así es como la humanidad, por alcanzar y ceder a las tentaciones, ha sido envuelta en el odio, la injusticia, la mentira, la soberbia y la vanidad.

Este es un sistema premeditado para hacer daño, por eso es perverso.

En cierta oportunidad, alguien exclamó: ¡Paren este mundo, me quiero bajar de él! Es que en realidad, se necesita una gran ayuda sobrenatural para poder soportar las presiones.

Muchos, se han resignado al fracaso en casi todos los ámbitos de la vida. Sean religiosos, políticos, económicos, culturales y educativos.

Por ejemplo, dentro de lo religioso, encontramos una serie de sistemas obsoletos, sin poder, sin gracia, sin misericordia y politizados; basados en la idolatría y riquezas materiales, mezclados con fuertes corrientes de ocultismo y falso misticismo, como son: magia, macumba, umbanda, santería, tarot, adivinación, vudú, espiritismo, nueva era, etc.

En lo político existe un apetito de enriquecimiento ilícito, ambición de poder, corrupción, etc.

En lo económico, el setenta por ciento de las naciones están asoladas y endeudadas con intereses imposibles de pagar.

Culturalmente, se han trasgredido las tradiciones morales y éticas de los pueblos, sucumbiendo en una fuerte corriente de modernismo liberal. Ello trae desconcierto por la pérdida de las buenas costumbres, que servían de fundamento para las familias y las sociedades.

Es suficiente ver la tentación a la sexualidad libertina utilizando vestimentas y métodos extremadamente provocativos.

Algunos piensan que es un camino a la liberación si se continúa en ellas. Sin embargo, lo que antes se consideraba una inmundicia, ha llegado a entenderse como algo natural.

En la educación se han perdido los antiguos modelos de respeto hacia el prójimo y los valores, que han sido suplantados por lo desfachatado y una enseñanza liberal en lo sicológico, que lleva con frecuencia a la destrucción de las relaciones humanas dentro de la misma familia y un desenfreno hacia la trasgresión.

Más adelante, veremos las estrategias del espíritu del anticristo, mientras tanto la Biblia, nos advierte que es un gran imitador.

En una oportunidad, al terminar una cruzada en Paraguay, salimos a comprar algunos objetos para obsequiar a nuestros familiares. Recuerdo que un joven lugareño, participante de la cruzada, nos acompañó hasta el mercado de compras. No sabíamos que en el mismo centro comercial habían puestos que vendían los mismos productos, al menos en su apariencia, que lo que se vendían en los negocios adyacentes. Cuando ya estábamos a punto de adquirir algunos de ellos, el joven guía nos señaló dramáticamente, que no lo hiciéramos, ya que los mismos no eran legítimos, sino imitación. Claro, la diferencia de precios con los que vendían en los otros negocios era muy superior. La respuesta del joven fue, que los legítimos tenían garantía y larga duración, en cambio los de imitación solamente servirían para disfrutarlo algunas horas o semanas y no tenían ninguna garantía.

Este es el engaño y la decepción de aquellos que permanecen en ignorancia, creyendo en las ofertas de falsos profetas y maestros, siendo subyugados por sus magias y filosofías huecas. Siempre cuando hay imitación, hay engaño.

Estas personas, actúan influidas por un espíritu engañador y adúltero.

El espíritu del anticristo persiste en imitar a Cristo, lo que indudablemente, así como fuimos atraídos a comprar la imitación, son atraídos los hombres a caer en su trampa.

Otra de las características principales es la sutileza. Conocedor del origen de todas las cosas, aún las de Dios y su Palabra, él influye sobre miles de personas que conociendo el evangélio son subyugadas por sus artimañas.

Muchos han sido fundadores de sectas como: Testigos de Jehová, Mormones, Iglesia de los Santos de los Últimos Días, Espiritistas, Moon, Jim Jones, Mita (en Puerto Rico), etc.

Jesucristo advierte en Mateo 24:23-25: Entonces, si alguien les dice a ustedes:

«¡Miren, aquí esta el Cristo!» o «¡Allí está!», no lo crean. Porque surgirán falsos Cristos y falsos profetas que harán grandes señales y milagros para engañar, de ser posible, aun a los elegidos. Fíjense que se lo he dicho a ustedes de antemano.

En 2 Pedro 2:1-3, el Apóstol, afirma por revelación del Espíritu Santo: «En el pueblo judío hubo falsos profetas, y también entre ustedes habrá falsos maestros que encubiertamente introducirán herejías destructivas, al extremo de negar al mismo Señor que los rescató. Esto les traerá una pronta destrucción. Muchos los seguirán en sus prácticas vergonzosas, y por causa de ellos se difamará el camino de la verdad. Llevados por la avaricia, estos maestros los explotarán a ustedes con palabras engañosas. Desde hace mucho tiempo su condenación está preparada y su destrucción los acecha».

Hoy en día, millones son deslumbrados y atraídos por milagreros y por transgresores de la verdad, encubiertamente. Muchos otros, son devorados por sus apetencias materiales y de poder. Todos estos, inspirados por un espíritu de vanagloria, en franca oposición a Cristo.

Así, muchos siervos de Dios han caído también en la trampa del pecado, cediendo a las tentaciones para satisfacer sus ambiciones personales, defraudando a millones en su fe cristiana.

Algunos, después que cayeron, se arrepintieron, gracias a Dios. Porque su misericordia es grande. Sin embargo, ¿cuánto se pierde?, ¿cuántas amarguras, cuanto dolor produce en el cuerpo? Estas son preguntas que nos debemos hacer cada uno, antes de ceder al engaño y la influencia del espíritu del anticristo.

Otras de las características principales son: rebeldía y odio hacia Cristo.

En ocasiones he tratado con personas que con claras evidencias, Dios les habló de diferentes formas; a través de algún amigo, de predicadores, de las circunstancias y experiencias aflictivas o de milagros, que son las que muchas veces nos ayudan a buscar a Dios. Sin embargo, muchas de estas personas, permanecen rebeldes y algunos, en esos momentos, hasta blasfeman contra Cristo.

Quizá, alguien pretenda justificar esas actitudes, pero, ¿cuál es la razón para ello? Si acaso alguien está enojado con Dios, como muchas veces he oído, ¿quién ha puesto ese enojo? Acaso, ¿qué es el hombre para que Dios se acuerde de él?

La rebeldía y el enojo hacia Dios y su pueblo, sepultaron y enviaron al infierno al faraón de Egipto, a pesar de haber visto las maravillas y los milagros que Dios hizo con Moisés. Incluso, cuando fue conmovido con las plagas y la muerte de todos los primogénitos.

Aun, dentro del mismo pueblo de Israel, después que salieron de la esclavitud, después de haber cruzado el mar en seco y ver hundirse en las mismas aguas al enemigo, muchos israelitas encontraron las profundidades del abismo y atacados por plagas mortecinas, la tierra los tragó por causa de su «rebeldía».

Para ser sinceros, podemos afirmar que no hay excusas para justificar la ignorancia sobre la obra del espíritu del anticristo. Tampoco podemos pasar por alto sus propósitos, sus planes, su carácter y su futura aparición materializada en carne y hueso.

Mientras tanto, su obra está a la vista de todos, esta fuerza maligna obra contra todos los propósitos divinos en los tiempos antiguos y está moviéndose poderosamente en el mundo actual.

Por eso, es de gran importancia que analicemos lo que dice la Palabra de Dios para descubrir su obra solapada y estar listos para denunciarla; obrar contra ella y presentar al Espíritu de nuestro Señor Jesucristo como la fuerza y el poder que puede, no solo detenerlo, sino vencerlo y finalmente destruirlo.

CAPÍTULO 2

EL ESPÍRITU DEL ANTICRISTO Y SUS ESTRATEGIAS

Dijímos al principio de la lectura, que las cuestiones espirituales se deben discernir espiritualmente. El mismo Apóstol Juan, que advierte sobre la obra y la operación del espíritu del anticristo nos exhorta a que probemos los espíritus. Juan se refiere al discernimiento de estos.

Lo preocupante es que algunos creyentes no le dan importancia a esto conformándose con la salvación y acomodándose a una simpleza espiritual, y permiten ser acosados por tentaciones y circunstancias y conviven con ellas, como si fueran normales y lógicas.

Estas son las mejores armas que utiliza el espíritu del anticristo contra cada creyente. Y contra el mundo en general.

El espírito del anticristo, a través de la sicología moderna, especialmente en el mundo occidental, nos hace creer que si algo nos hace sentir felices momentáneamente, entonces es bueno.

Pero, ¿qué se interpreta por sentir felicidad? ¿Es adoptar lo que es malo como si fuera bueno, porque así lo dicen algunos?

Dios habla a través de Isaías 5:20: «Hay de los que a lo malo dicen bueno, y a lo bueno malo; que hacen de la luz tinieblas; que ponen lo amargo por dulce, y lo dulce por amargo».

Durante muchos años yo creía que la felicidad era un sentimiento para ciertas situaciones de la vida. Que eran aquellos momentos cuando lograba el éxito en algunos proyectos, cuando nuestros hijos estaban bien, cuando ninguno estaba enfermo, cuando estábamos bien económicamente o cuando en el matrimonio a veces lográbamos entendernos, etc. Sin embargo, eran más los momentos de aflicción y angustia que los de felicidad. ¿Por qué razón vivíamos así? Cuando Cristo entró en nuestra vida y llenó con su luz nuestro hogar, entonces nos dimos cuenta del error en el que vivíamos.

Es necesario que nos demos cuenta, que muchas veces cambiamos lo que Dios ha ordenado, por lo que demanda el diablo. Que muchas veces aceptamos que las tinieblas invadan el campo de la luz. Esto acontece cuando nos olvidamos que somos templo del Espíritu Santo, y al no comprobar si los espíritus son o no contrarios a la doctrina de Cristo, pueden arruinar nuestra vida de santidad. Como resultado, puede producirse una tremenda resignación al fracaso.

La palabra resignar significa: ser vencido, claudicar, ceder los derechos al enemigo.

Definitivamente, el espíritu del anticristo tiene el propósito de hacer que cedamos siempre nuestros derechos como hijos de Dios y entrar y salir de su reino, como si fuera la forma normal en el sistema que él ha construido para este mundo.

A los inconversos, él los convence de que los placeres momentáneos tales como: relaciones sexuales antes o fuera del matrimonio, los vicios como juegos de azar, drogas y alcohol, vacaciones, una buena posición, amistades, y otras miles de maneras de entretenerse van a satisfacerle plenamente y a darle la felicidad verdadera.

¿Cuáles son sus estrategias? En primer lugar, debemos entender que al hablar de estrategias, nos referimos a planificación, medios y desarrollo del propósito y objetivo.

Por ejemplo, un ejército antes de salir a la batalla, tiene un objetivo: el enemigo. Tiene un propósito: destruir al enemigo y arrebatarle su posesión, y tiene las armas y un plan para llevar a cabo el proyecto.

En el año 1982, se produjo la guerra de las Islas Malvinas, entre las fuerzas armadas argentinas y británicas.

Hubo una estrategia de invasión por parte del ejército argentino con el propósito de recuperar las islas, que desde unos ciento cincuenta años antes habían sido invadidas por los británicos.

Los argentinos tuvieron éxito y lograron tomar posesión de las islas. Sin embargo, dos meses después, cuando todos los acuerdos diplomáticos fracasaron, los británicos llegaron con sus fuerzas con el objetivo de recuperar las islas.

La guerra comenzó, los británicos, tenían una estrategia. La misma era una intriga para los que no estaban informados sobre la forma de conducir la guerra.

Los ingleses bombardeaban desde sus barcos la costa de las Islas donde estaban atrincherados los soldados argentinos. Esto lo hacían durante la noche, algo que nos llamaba la atención, pues se hubiera esperado lo contrario. Era una estrategia elaborada con antelación. Los soldados argentinos soportaban en todo momento la tensión que produce la expectativa de posibles ataques, y todos sabemos, que la noche es el tiempo cuando se debilitan más, tanto el físico como la mente. La persona es vencida por el sueño, por lo que se produce un efecto de «doble debilitamiento», pues al ataque se suma la presión sicológica. Esto es conocido como efecto de «ABLANDE». Imagínese a los soldados argentinos, totalmente debilitados y rendidos física y mentalmente, por lo que fueron presa fácil para los atacantes.

Cuando los ingleses consideraron que el primer plan ya había dado resultado, entonces, se acercaron a las Islas, hicieron lo que se llama, cabeza de playa, es decir, tomaron posesión y luego atacaron. En pocas horas vencieron y recuperaron las Islas, muy lamentable para los argentinos.

Otro ejemplo es el de una pelea de Box entre dos luchadores de fuerza similar. El que tenga más experiencia usará la mejor técnica. En los primeros momentos del combate, unen a su fuerza la paciencia y la sagacidad, golpeando al adversario hasta que este ya no tenga más resistencia y ya está preparado para el golpe que lo pondrá fuera de combate

Muchos son atacados por el espíritu del anticristo de la misma manera. Él sabe por ser viejo, y tiene estrategias, capacidades, medios y propósitos. Muchos, después de haber soportado los golpes aplicados con su «técnica y capacidad», llegan al momento en que ya no tienen fuerzas ni esperanza y están listos para la derrota final.

Del mismo modo, hoy podemos ver hombres y mujeres, familias y sociedades enteras entregadas en las manos del adversario sin esperanzas y sin deseos de seguir viviendo.

Lamentablemente, muchos son derrotados, puesto que han permitido que el destructor arruinara sus vidas. A veces, por falta de entendimiento, otras por terquedad y necedad.

Es mi oración que este libro sirva para abrir sus ojos reconociendo su necesidad de la ayuda que solamente Cristo le puede dar, entregando sus vidas, sus pasiones, sus fuerzas, totalmente a él, y de esa manera, podrá ser restaurado y entrar en el camino de victoria y verdadera felicidad.

Nunca olvidemos que hay una esperanza que radica en un poder mayor que el del espíritu del anticristo, es el poder del Espíritu Santo.

Muchas personas, al recibir la luz de Cristo, comprendieron que todo lo que sufrieron, todos los pecados que cometieron eran fruto de su pecado que en su ignorancia, creían que no lo eran.

En el día del juicio final, será grande la sorpresa cuando muchos comprueben sus errores.

El espíritu del anticristo tiene estrategias que marcan sus movimientos y los caminos por donde anda (tema que veremos luego) de forma tal, que resulta difícil que alguien con mentalidad humana pueda descubrir o asemejarse a él en su manera de actuar.

Al respecto, la historia nos muestra a grandes estrategas como Napoleón, San Martín, César. Sin embargo, aun de ellos hay dos cosas que podemos decir. Una, es que lógicamente, tenían limitaciones; la otra, es que ya están muertos.

Por el contrario, el espíritu del anticristo, aunque está vencido de antemano, todavía tiene vigencia y opera manteniendo estrategias y presenta verdaderas batallas en el mundo.

Tiene un centro de operaciones donde planifica, analiza y ordena. Realmente, es mucho lo que tenemos que aprender de él en cuanto a la manera de hacer las cosas. No se trata de copiar sus características, como el orgullo, la soberbia, la mentira, etc. Sino, su sutileza y audacia.

Muchas veces los cristianos cometemos errores o no alcanzamos victorias mayores por falta de estrategia, visión y discernimiento.

Aunque para algunos resulte ofensivo, hemos de reconocer que a veces actuamos con torpeza, terquedad y hasta con ignorancia. En cambio, deberíamos aprender a ser cautos, confiables, veraces, amorosos, no codiciosos, sabios y con fe. Basta leer el libro de Proverbios para darnos cuenta de la necesidad de todas estas características.

Muchas veces los cristianos pensamos que podemos guiarnos por nosotros mismos porque el Espíritu Santo va a ayudarnos. Pero no disfrutamos del gozo espiritual y somos ignorantes porque pensamos que no tenemos necesidad de instruirnos y conocer específicamente las grandes riquezas que guarda la Palabra de Dios y las experiencias de grandes siervos que han ganado grandes batallas.

En el Salmo 119: dice: «Señor, yo te declaré mis planes, ahora necesito que me instruyas» (paráfrasis del autor).

Quiero mencionar un caso de un pastor que conocí el día de su graduación, junto a nuestra hija Claudia y otros hermanos en el Seminario Bíblico de Fe.

Ese día, después de cuatro años de estudio, este pastor pastoreaba una iglesia en la ciudad de Buenos Aires. Él mismo declaró ante toda la audiencia: Yo creía que podía dirigir una congregación sin necesidad de ningún curso, pues creía que era suficiente la Palabra de Dios y la comunión con el Espíritu Santo. Pero ahora, con lágrimas en los ojos, alabo al Señor por haber podido cursar todas las materias, exhortando a que todos hicieran lo mismo.

Indudablemente, la instrucción, a través de la Palabra de Dios. Analizando cada libro que la compone, las historias, las profecías, los Evangelios y todas las epístolas apostólicas más la revelacion apocalíptica y otros libros que llegan a nuestro alcance, escritos por hombres inspirados por el Espíritu, abren nuestro entendimiento y fortalecerán no solo nuestro intelecto sino nuestro espíritu y nuestra fe.

Cuando Jesús fue tentado por Satanás, solo lo enfrentó con la Palabra de Dios. Y lo pudo hacer porque «estaba entrenado en ella».

Como mencioné recientemente, un libro inspirado puede dar mayor entendimiento. Un libro contemporáneo fue el que Dios usó para tratar con mi rebelión y despertó en mí un deseo de buscar la Palabra de Dios, lo cual produjo un quebrantamiento que luego trajo un avivamiento a mi vida. Ese libro se llama: *Como estar de pie cuando todo parece derrumbarse,* del autor Rex Ambar.

Todo libro inspirado por Dios puede ser de gran bendición para su vida.

Definitivamente, todo cristiano debe instruirse, para poder luchar contra las estrategias del espíritu del anticristo.

También es necesario conocer las artimañas de este espíritu, pues él conoce mucho más de nosotros, que nosotros de él. Anda rondando toda la tierra. Sigue los pasos de todos los que conocen y se han convertido a Cristo, pero sin abandonar, por supuesto a aquellos que están bajo su influencia. En cuanto a los cristianos, su objetivo es tentarlos, debilitarlos y alejarlos de la presencia de Dios. Con relación a los inconversos el propósito es mantenerlos sujetos al diablo, angustiados, inseguros e ignorantes de la salvación.

Algo que debemos reconocer es que, cuando estamos sirviendo al Señor, a veces somos ineficientes, y esto sucede por falta de estrategias.

Para tenerla debemos pensar, conocer y planear, para estar en condiciones de actuar. Un gran peligro está en hacerlo por «inercia o por imitación de otros». Cada batalla, muchas veces necesita una estrategia diferente.

Para tener buenas estrategias y ser vencedores debemos ser diligentes.

En Proverbios 10:4 dice: «Las manos ociosas conducen a la pobreza; las manos hábiles atraen riquezas».

También leemos en Proverbios 18:9: «El que es negligente en su trabajo confraterniza con el que es destructivo».

La diligencia debe ser una característica de los hijos de Dios, como también lo es la sabiduría. En los escritos de Salomón, que ha sido el más sabio desde la antigüedad, habla mucho sobre la importancia de «la sabiduría» y es bueno transcribir algunas de esas palabras, como:

Proverbios 1:1-5: Proverbios de Salomón hijo de David, rey de Israel: para adquirir sabiduría y disciplina; para discernir palabras de inteligencia; para recibir la corrección que dan la prudencia, la rectitud, la justicia y la equidad; para infundir sagacidad en los inexpertos, conocimiento y discreción en los jóvenes.

Escuche esto el sabio, y aumente su saber; reciba dirección el entendido.

En estos pasajes se nos dice que Dios, nos da la sabiduría y que de su poder viene el conocimiento y la inteligencia. Sin embargo, nos enseña que ellas no vendrán si no las buscamos como a un tesoro.

Les contaré un ejemplo de cómo buscar un tesoro. En 1992, un grupo de hombres encontró un tesoro en un barco viejo hundido en el Río de la Plata. Trabajaron día y noche hasta descubrirlo, pero antes se habían trazado un plan: Investigaron fechas, lugares y cargamentos que llevaba esa nave, y cuando tuvieron todos los elementos, se lanzaron a la búsqueda. Así fue cómo en las turbias aguas ubicaron el tesoro y lo rescataron.

Cuando nosotros buscamos en la Palabra de Dios guardamos sus mandamientos, y nos movemos en oración, podemos llegar a conocer a Dios y él nos dará toda la sabiduría que necesitamos para tener éxito ante el espíritu del anticristo. El tesoro no es el éxito, sino, Dios, que da la sabiduría, las estrategias y el poder.

Nadie mejor que el Señor para conocer al enemigo y sus escondites, sus planes y propósitos.

Conversando con un anciano le comenté todo lo que queríamos realizar en el ministerio y él me exhortó de la manera siguiente: «Mira a Jesús». Aquella palabra, «mira» significaba que debía buscarle y obedecerle. Ahora, antes de tomar una decisión me pregunto ¿qué haría Jesús en esta circunstancia? de esta manera, obtengo una respuesta justa. He descubierto que el justo es el que piensa justamente.

Jesús, pudo ejercer justicia porque él es justo. Él conocía y vencía todas las artimañas del diablo porque fue justo y practicó la justicia. Una de las áreas más importantes, como lo veremos más adelante, donde influye el espíritu del anticristo, es la justicia, la cual se caracteriza por todo lo contrario: la injusticia.

Al final del pasaje que hemos leído, dice: entenderás el temor de Jehová.

En estos últimos tiempos he viajado de un país a otro, predicando el evangelio, y he encontrado respuestas horrorosas. En cierta oportunidad, hablando con un joven español, que conocimos circunstancialmente en Paraguay, le pregunté si conocía a Cristo. Él me respondió, no lo conozco. Luego le pregunté, respecto a Dios, la respuesta fue de manera despectiva y deshonrosa: «Y quién es Dios».

Me he dado cuenta, que últimamente, en los países desarrollados y subdesarrollados, el espíritu del anticristo está influenciado en la sociedad, haciendo que la gente le pierda el temor a Dios. Este es uno de los objetivos principales que él tiene, y de alguna manera lo ha logrado en aquellos que ni siquiera se han puesto a pensar en su existencia ni en su poder representado en la misma creación. Por el contrario, muchos tienen la estupez de desafiar solapadamente al Dios que les dio vida en el vientre de su madre. Esta falta de temor a Dios, es lo que hace que el corazón sea endurecido, y por esta razón, muchas veces vienen la ruina y destrucción a través de los juicios naturales de Dios.

El espíritu del anticristo opera como satanás obró en el principio.

En Génesis 3:8-16, tenemos el relato de cómo Adán y Eva, después de haber accedido a la propuesta satánica, contrariando la orden de Dios, cayeron en la trampa.

El diablo tenía un plan y lo llevó a cabo, estrátegicamente y con éxito. La estrategia fue, primero, llamar la atención de Eva, luego crearle la duda desacreditando lo que Dios había predicho, le despertó la codicia. Y finalmente Eva cayó en la trampa y la serpiente le clavó el veneno mortal.

El espíritu del anticristo obra con una planificación previa, atacando directo a la mente y los pensamientos.

No quiero decir que él tiene la capacidad de leer los pensamientos, pero sí actúa tratando de desestabilizar la mente.

Si existe una sociedad con una mente envenenada y de pensamientos distorsionados, es la sociedad actual, donde millones siguen cayendo en la trampa diabólica, llegando hasta el punto de perder el temor de Dios y permitir que el espíritu del anticristo influya en las diferentes áreas como lo veremos más adelante.

Sin embargo, gracias a Dios que él amó y sigue amando a sus hijos y a sus criaturas.

Una prueba de ello, es el hermoso pasaje de Romanos 8:28-39, que comienza señalando: «Ahora bien, sabemos que Dios dispone todas las cosas para el bien de quienes lo aman».

Luego más adelante dice: «Si Dios está de nuestra parte, ¿quién puede estar en contra nuestra? Y sigue haciendo preguntas para hacernos reflexionar, como la de: «¿Quién acusará a los que Dios ha escogido? ... ¿Quién condenará?... Sin embargo, en todo esto somos más que vencedores por medio de aquel que nos amó».

La posibilidad de la victoria de la vida cristiana, frente a la influencia del espíritu del anticristo, está solamente en Jesús, porque él conoce los planes, estrategias y los caminos del enemigo, dándonos una victoria por anticipado.

En Santiago 1-5 dice: «Si alguno de ustedes le falta sabiduría, pídasela a Dios, y él se la dará, pues Dios da a todos generosamente sin menospreciar a nadie».

En cuanto a la sabiduría, el mismo Santiago nos enseña, que así como existe la sabiduría de lo alto, que es divina, es pura y es pacífica, amable, benigna, llena de misericordia y de buenos frutos. También existe la sabiduría «terrenal, animal y diabólica».

Aquí descubrimos la diferencia que existe entre las dos sabidurías, la que viene de Dios y la diabólica. Sin embargo, también entendemos que viene hacia nosotros y necesita un lugar. Ese lugar es «la mente», los pensamientos.

Los planes y las estrategias nacen en la mente. Entonces, si estos son de acuerdo a los de Dios, nuestros planes, estrategias, propósitos y caminos serán los de Dios, serán de lo «alto», lo cual implica que está «por encima de todo». ¿No le recuerda algo?

Lo que ocurre es que cuando un cristiano tiene la mente de Cristo, aunque el espíritu del anticristo quiera influir en su vida, o en su familia, atacando su mente y sus pensamientos con el método de la persuasión y la codicia, para luego hacerle caer en su trampa, podrá hacerle frente y vencerlo, sin importar la magnitud de su ataque e influencia. No olvide, siempre es bueno preguntarse: ¿Que haría Jesús en mi lugar? Debemos mantenernos firmes en paz y santidad y no perturbarnos.

Por supuesto, este proceso va a producir tensiones y aun heridas, pues es una guerra espiritual.

La estrategia de este espíritu es, como mencioné anteriormente, atraer la atención de la persona e infundirle sus propósitos. Lo hace con mucha cautela pero sin piedad, comenzando por producir perturbación y acobardamiento.

Veamos un ejemplo descubriendo una historia en la Biblia, respecto a dos reyes que se vieron enfrentados para una batalla.

Uno de ellos era Jeroboam, rey de Israel, sumamente perverso e idólatra, que se levantó en guerra contra el rey Abías, de Judá. En este capítulo cuya lectura recomiendo leer, encontramos que Jeroboam tendió una emboscada a Abías. Sin embargo, este, aunque tenía enemigos por delante y detrás con un ejército que era el doble que el suyo, lo venció.

¿Dónde estuvo el secreto? En lo que dijo Abías, cuando declara: «Demasiado pronto se han apartado del camino». Abías insiste en que abandonaron a Dios para inclinarse a la adoración de un becerro de oro y consagrado sacerdotes para ministrar ante esos ídolos, como las demás naciones. Pero nosotros guardamos las ordenanzas de Jehová, nuestro Dios y ministrado delante de él.

La estrategia de Jeroboam era diabólica, pues se basaba únicamente en sus recursos y poder humano, sin embargo, el poder y recursos de Abías y Judá se basaban en la comunión y confianza que tenían con Dios.

Los versos siguientes relatan como, en medio de la emboscada, los de Judá, gritaron con fuerza y Dios desbarató al ejército de

Jeroboam. Los de Judá persiguieron a los de Israel haciendo una gran matanza. Así fueron humillados los hijos de Israel. Los hijos de Judá, prevalecieron porque se apoyaron en el Señor.

En este ejemplo descubrimos que aunque el espíritu del anticristo nos rodee por delante y por detrás con sus artimañas y poder engañoso, si estamos en comunión y confiamos en el poder de Dios, siempre tendremos grandes victorias. No importa cuán perverso sea el método y el propósito del enemigo, lo importante es creer en aquel a quien adoramos, Jesucristo.

Las estrategias de Jeroboam eran exclusivamente humanas, pero las de Abías eran las de Dios.

En una oportunidad tenía que viajar a Tennesse y a Atlanta para tener una campaña. Antes de salir de viaje, estaba bastante inquieto, pues desde hacía varios días esperaba un dinero con el cual tenía que pagar ciertos compromisos. Salí de viaje, pasados dos días, el dinero aún no había llegado. Me di cuenta que había una oposición y que el diablo quería distraer mi mente y traer preocupación. Tenía que predicar cinco días, necesitaba buscar de Dios para ser de bendición a la congregacion. Entonces, me encerré en la habitación y le dije al diablo: por más que intentes preocuparme y atormentarme, no lo vas a lograr, así que, ahora con la autoridad que Cristo me dio, yo te ordeno que sueltes mis finanzas y aléjate de mi camino, y esta semana será muy dolorosa para ti, pues te vamos a quitar varias almas de tus garras. Esa misma noche, volví a predicar sobre guerra espiritual y liberación. Fue glorioso, el obrar del Espíritu Santo.

Al día siguiente, mi esposa me informó que esa mañana el dinero había llegado y pudo pagar los compromisos que teníamos.

Si yo me hubiese dejado amedrentar y desesperar, me hubiera vuelto a mi casa, sin embargo, confié en mi Cristo, a quien alabo y predico. De esta forma me dio la victoria.

EL ESPÍRITU DEL ANTICRISTO Y SUS ARMAS

Debemos entender que, así como el tiempo y los sistemas en el mundo han cambiado, el espíritu del anticristo ha cambiado sus armas aunque sus estrategias son las mismas.

En la antigüedad, las guerras se llevaban a cabo con lanzas, espadas, etc. Actualmente, en la era de la cibernética, se utilizan misiles y bombas, capaces de destruir pueblos enteros.

Han cambiado las armas, pero los fines son los mismos, atacar y defenderse. Sin embargo, para el anticristo, algunas de sus armas, son las mismas que utilizó desde la antigüedad, como es la lógica humana, para atacar la fe y también la conciencia tratando de anularla. Con la lógica, lo que trata de hacer, es desacreditar la fe en Cristo y el poder que actúa en ella.

La Biblia nos enseña que: «Sin fe es imposible agradar a Dios» (Hebreos 11:6). La fe es tener la seguridad de que lo que esperamos va a llegar. Dios quiere que tengamos fe en él.

La fe, a su vez, es un poder sobrenatural que viene de Dios, especialmente para beneficio de los creyentes. La fe viene por el oír la Palabra de Dios (Romanos 10:17). Por esta razón, está por encima de la lógica humana. Ocurren cosas en la vida, que lógicamente no podrían suceder. La lógica humana está limitada a lo que la conciencia pueda dictar y a lo que mentalmente podemos creer.

Si se hubiera dejado influir por la lógica, Moisés y su pueblo, nunca hubieran cruzado el mar Rojo, en seco, deteniéndose las aguas y formando dos grandes paredes a ambos lados.

Si fuera por la lógica, Abraham y Sara no habrían tenido su hijo Isaac a la edad de noventa años.

Sin embargo, Satanás, en ambos casos, trató de confundirles, desalentarles y destruirles. Pero el arma de la fe en Dios fue la que les dio la victoria.

El espíritu del anticristo tiene armas espirituales que utiliza para la destrucción del cuerpo y el alma. Al respecto, Jesús dice en Mateo 10:28: «No teman a los que matan el cuerpo pero no pueden matar el alma. Teman más bien al que puede destruir alma y cuerpo en el infierno».

Este espíritu trata de que la vida de muchas personas sea un verdadero infierno aquí en la tierra.

En una oportunidad, mientras desarrollábamos un programa de radio, en Buenos Aires, pregunté a la audiencia sobre el infierno. Una mujer llamó por teléfono y nos dejó perplejos a todos diciendo con desesperación: el infierno es lo que yo estoy viviendo en mi casa ahora mismo.

Créame que esta realidad se da en miles de hogares que en la ignorancia son influidos por este espíritu.

Otra de sus armas es «el engreimiento y la vanagloria». Muchos hombres que son alienados por esta arma, generalmente terminan abandonados y solos, sin familia ni amigos.

Otra arma es «la difamación». Cuando se propone servir a Dios o es prosperado por él debe saber que ha de soportar este tipo de ataques, que él los utiliza para desmoralizar a los creyentes, debilitando su fe. Las calumnias y las críticas llegan a través de personas que tienen pensamientos antagonistas influenciados por él. Estas son personas que tienen pensamientos contradictorios.

Otra de las armas es «el prejuicio». Existen personas que sienten el llamado de Dios, ya sea para arrepentirse o para servirle, pero tienen temor a las renuncias que el llamado requiere. No quieren despojarse de las cosas que los tienen atados, como son las riquezas, la fama, la posición y los placeres.

Esto nos recuerda la conversación que tuvo Jesús con el joven rico, que encontramos en Mateo 19:16-36: «Sucedió que un hombre se acercó a Jesús y le preguntó:

Maestro, ¿qué de bueno tengo que hacer para obtener la vida eterna?

¿Por qué me preguntas sobre lo que es bueno? respondió Jesús. Solamente hay uno que es bueno. Si quieres entrar en la vida, obedece los mandamientos... anda, vende lo que tienes y dáselo a los pobres, y tendrás tesoro en el cielo. Luego ven y sígueme.

Cuando el joven oyó esto, se fue triste porque tenía muchas riquezas.

Tener el corazón y la esperanza en las posesiones es el arma poderosa de algunos de los prejuicios del espíritu del anticristo.

Esta historia termina diciendo que el joven se fue triste. Seguramente, esa tristeza quedó para siempre en el corazón de este hombre, a menos que más adelante se haya arrepentido. Son muchos los que se van tristes, porque saben lo que Cristo les propone es bueno y verdadeo, pero ante la alternativa, prefieren continuar con sus posesiones, aunque pierdan la vida eterna.

Por eso podemos decir que las armas del espíritu del anticristo son mortíferas, ya que quienes son alcanzadas por ellas, viven tristes y fracasados, sufriendo y con terribles expectativas de juicio que sobrevendrá cuando se manifieste la ira de Dios.

Este joven, como miles de almas, tuvo la oportunidad de acercase a Cristo y verle cara a cara y hablar con él, pero sus prejuicios le hicieron alejarse.

¿Cuáles eran esos prejuicios? Podemos pensar que tenía temor de morir de hambre o de lo que diría la gente ante esa actitud de desprendimiento: ¡Tanto le había costado reunir aquellas riquezas y ahora las tenía que dejar en un momento, para seguir aquel que había dicho que no tenía ni siguiera un lugar donde apoyar su cabeza!

Todo eso y mucho más lo razonó, echando mano a la «lógica», sin tener en cuenta lo que podía resultar al poner su fe en Cristo. Confiaba en su propia religiosidad y por eso se fue triste. No le bastó haberse encontrado con Cristo, porque después, no le siguió.

El ESPÍRITU DEL ANTICRISTO TIENE UNA LEGIÓN

Al principio de este libro hablé sobre los espíritus malignos que influyen en el mundo. El espíritu del anticristo no está solo. Tiene toda una legión a su servicio. Estos son los espíritus malos que conocemos como «demonios». Estos operan según las órdenes de sus superiores y tienen la capacidad de andar por el mundo, influyendo en las personas y aun entrar en ellas. Es difícil comprender como algunas personas pueden soportar la terrible influencia de uno o varios demonios. Cuando ministramos en nuestras campañas, donde muchas almas vienen atormentadas por ellos, podemos ver el sufrimiento y la destrucción que producen. Por supuesto, siempre hay motivos que dan lugar para que los demonios tomen posesión e influyan, lo que veremos más adelante, pero quiero señalar, que los ataques son realizados con las armas de la mentira, la falsedad y la obsesión. Estas tres armas son las que usa con mayor presión y frecuencia.

¿HACIA DÓNDE APUNTA?

Si usa armas, entonces, debe tener hacia dónde apuntar. Notamos que desde el principio apunta hacia el *CORAZÓN* del ser humano.

Como dijimos anteriormente, siempre ha tratado de atraer la atención de las personas, hacia un mundo «fantasioso y superficial», tratando de alejarlas del Dios que las creó.

Jesús dijo en Mateo 6:21: «Porque donde esté tu tesoro, allí estará también tu corazón».

Si Dios fuera el tesoro del corazón del ser humano, los afectos y los deseos estarían puestos en las cosas de «arriba».

Cuando una persona que ama mucho las cosas terrenales demuestra que su tesoro está en ellas. Sin embargo, el que piensa en las cosas celestiales, su tesoro estará en las cosas de Dios.

El espíritu del anticristo es el que atrae a los hombres a las cosas terrenales, y echa a un lado las celestiales. Esto lo hace por medio de las tentaciones, es decir, la seducción de aquello que nos rodea o nos presenta, moviendo los deseos de nuestro corazón.

Si lo que queremos es acercarnos a Cristo, como el joven rico, entonces debemos obedecerle. Pero si nuestros deseos están en las satisfacciones humanas antes que nada y nada más, estaremos muy apartados del Señor y eso hará que vivamos atados y encadenados llevándonos definitivamente al fracaso total.

Al apuntar hacia el ser humano, el espíritu del anticristo, se dirige también a la familia y a la sociedad. Si el hombre es corrupto, lo serán también los que le rodean.

Notemos que en el principio, el diablo tentó a Eva, haciéndola caer en su trampa, pero enseguida, la movió a compartir el pecado con su esposo y de ese modo, el espíritu de corrupción pasó a todos los hombres (Romanos 5:17-19). Así es que este espíritu apunta a todos los individuos y a la sociedad. Por eso vemos tanta inmoralidad e indiferencia donde quiera que vayamos. En todas partes están derramados los estragos del odio, las aflicciones, las angustias, el hambre, el odio, la opresión, la injusticia, la violencia, el engaño y el egoísmo. No respeta raza, color, estado de salud, tradiciones, posición ni cultura. Para él, todos somos igualmente objetos de sus ataques con el único propósito de destruirnos.

Sin embargo, Cristo, puede hacer la diferencia, aunque él nos ve a todos por igual, y conoce nuestros errores y necesidades, toda persona, toda familia y toda la sociedad, es objeto de su amor. Cristo quiere restaurar al ser humano, a su familia y a la sociedad.

Por esa razón apunta a desacreditar todo lo que Cristo dice y hace. Procura mantener al ser humano sin principios espirituales y como un ente estrictamente materialista.

Cuando este espíritu ha logrado desviar nuestra atención de las cosas de Dios o que no le demos valor y dejemos de tenerle confianza, entonces, ya tiene el camino para actuar.

CAPÍTULO 3

CÓMO AFECTA EN LA VIDA PRIVADA

Como venimos declarando desde el principio, el espíritu del anticristo apunta al ser humano, tal como lo hizo en la creación, pues sabe que venciendo al hombre puede extenderse al mundo que le rodea.

El lugar donde apunta es al corazón. Lo que está relacionado con la mente y con el alma. Por allí pasa el odio, los pensamientos, las emociones y los sentimientos (alegría, angustia, dolor, etc.)

También dijimos que cuando él comienza a llevar a cabo su estrategia, como en una guerra, su tarea de aproximación es directa a la mente.

Lo que sucede es que él sabe que la mente es vulnerable y puede ser influida por uno o varios espíritus. Para entender mejor lo que decimos, es bueno saber lo que dice el apóstol Pablo en Efesios 4:23: «Ser renovados en la actitud de su mente».

Esto no revela claramente que el espíritu influye en la mente.

También debemos recordar que tanto, el ser humano, como las cosas que se mueven en el mundo, son impulsadas por un espíritu.

Entonces, usted y yo somos guiados a actuar cualquiera sea el propósito.

Dijimos también, que en el ser humano, el espíritu es el que le da vida a la carne (cuerpo).

Todo esto nos hace llegar a una conclusión: el ser humano es quien debe elegir, porque el espíritu desea ser influenciado y guiado.

La Biblia, nos enseña que tenemos la posibilidad de ser guiados por el Espíritu de Dios. Romanos 8:14 dice: «*Porque todos los que son guiados por el espíritu de Dios son hijos de Dios*».

Entonces descubrimos, que tenemos la posibilidad de permitir que el Espíritu de Dios venga a compartir nuestra vida. Sin embargo, una gran mayoría que tienen esta posibilidad, no lo permiten, sino que prefieren seguir viviendo según su espíritu y su mente les dicte.

La Biblia nos enseña en Juan 3, que cuando una persona recibe el Espíritu Santo, inmediatamente, es una nueva persona, pues se produce un nuevo nacimiento. Muere el hombre que nació de la carne y nace del Espíritu. Esto significa, que ha habido una transformación en ese ser humano.

Ahora es un ser espiritual, mientras antes era un ser totalmente carnal, es decir, un ser natural. Antes, se movía y actuaba totalmente en su naturaleza pecadora, ahora actúa y se mueve según el Espíritu Santo.

La Biblia nos enseña también, que aunque el Espíritu Santo mora en el hombre, todavía, hasta el día de la muerte, vivimos en este cuerpo de naturaleza pecadora. Así, este cuerpo, es decir, la parte exterior del ser humano, con su mente y su alma, queda expuestos a toda influencia externa, mientras que el espíritu humano está en comunión íntima con el espíritu de Dios. Entonces, ¿qué ocurre entre el cuerpo natural y el Espíritu?

El Espíritu quiere guiarnos a ser como Cristo en todo sentido. Tanto en el pensar como en el actuar. Mientras que el ser natural quiere ser como fue siempre, de naturaleza pecadora, entonces cuando la mente natural actúa, en realidad lo que hace es presentarle guerra al Espíritu y como dice en la Palabra, les aconsejo, que obedezcan solo a la voz del Espíritu Santo, él les dirá a dónde ir y qué hacer. Procuren no obedecer los impulsos de nuestra naturaleza pecadora; porque por naturaleza nos gusta hacer lo malo. Esto va en contra de lo que el Espíritu Santo nos ordena hacer; lo bueno que hacemos cuando la voluntad del Espíritu Santo se impone, es exactamente lo opuesto a nuestros deseos naturales. Estas dos fuerzas luchan entre sí dentro de nosotros y nuestros deseos están siempre sujetos a sus presiones. Pero si ustedes son guiados por el Espíritu Santo tienen que obedecer a la ley (el antiguo pacto).

Cuando seguimos nuestras malas tendencias, caemos en adulterio, fornicación, impurezas, vicios, idolatría, espiritismo (con lo cual alentamos actividades demoníacas), odios, pleitos, celos, iras, ambiciones, quejas, críticas y complejos de superioridad, e inevitablemente caemos en doctrinas falsas, envidias crímenes, borracheras, orgías y muchas otras cosas.

Como ya les dije antes, el que lleva esa clase de vida no heredará el Reino de Dios. Pero, cuando el Espíritu Santo rige nuestras vidas, produce en nosotros amor, alegría, paz, paciencia, amabilidad, bondad, fidelidad, humildad y dominio propio. Y en nada de esto entramos en conflicto con la ley judía.

Los que pertenecen a Cristo han clavado en la cruz los impulsos de la naturaleza pecaminosa. Si ahora vivimos por el poder del Espíritu Santo, sigamos la dirección del Espíritu en cada aspecto de nuestra vida.

Es impactante esta revelación, cuando nos enseña con claridad, la tremenda lucha que se produce en el ser humano, cuando es presionado por un espíritu que no es el Espíritu de Dios, sino como dice también el mismo Apóstol, en Efesios 2:2:« Los cuales, se conducían según el que gobierna las tinieblas, según el espíritu que ahora ejerce su poder en los que viven en la desobediencia».

Ahora, es impactante lo que revela el verso siguiente a aquellos que aún están en rebeldía contra el llamado de Cristo. Dice así: «En ese tiempo también todos nosotros vivíamos como ellos, impulsados por nuestros deseos pecaminosos, siguiendo nuestra propia voluntad y nuestros propósitos. Como los demás, éramos por naturaleza objeto de la ira de Dios».

Aquí vemos claramente como hay una contraposición entre el Espíritu de Cristo y el espíritu del anticristo. Como vimos: El Espíritu de Cristo nos guía a ser amorosos, alegres, pacientes, puros, etc. Mientras que el otro espíritu nos induce a ser violentos, odiosos, egoístas, blasfemos, idólatras, mentirosos, etc.

En el cristiano, este enfrentamiento produce fricciones, tensiones y guerra en su mente y alma, y depende siempre de uno mismo que gane esa guerra.

Aquella persona que tiene a Cristo siempre tiene el deseo de agradarle a él, pero el espíritu del anticristo, nunca cesará de intentar hacerle caer en su trampa. Con su método primitivo, o con armas modernas, va a tratar de doblegar su voluntad atacando su mente, para hacerle tropezar en los pecados que todavía están en el cuerpo natural, listos para actuar. Adulterio, fornicación, obsesión, codicia, etc.

Ahora bien, hay un peligro que es el de generalizar y decir que todo lo que pasa y todo lo que se hace, es obra del espíritu del anticristo.

Sin embargo, existe otro peligro: pensar que no existe ningún campo a nuestro alrededor que esté inmune y no sea afectado por su accionar.

Él tratará de actuar en la vida privada de cada ser humano, así como en la vida pública de toda sociedad. Incluso, ante la necesidad espiritual del ser humano, trata de influir en la vida religiosa, como lo veremos luego.

Cada persona necesita descubrir si está afectado por este espíritu y salir de su tutela y existe una manera de hacerlo: Pedirle a Dios en oración, con humildad y arrepentimiento, que le muestre el poder de él en su vida. Dios le va a mostrar cuáles son las áreas en que el espíritu del anticristo está operando, ya sea en su mente o en sus sentimientos. Necesita decir que renuncia a su influencia y pedirle a Dios, en el nombre de Jesús, que le llene de su Espíritu Santo y comenzar a pensar en las cosas del Espíritu Santo.

Recordando lo que dijimos anteriormente, donde Pablo nos recomienda:

«Renovar el espíritu de nuestra mente». Nos damos cuenta que es nuestra responsabilidad y es una decisión nuestra, rechazar toda influencia espiritual que no sea del Espíritu Santo. Cualquier espíritu que no sea el de Dios, pertenece al espíritu del anticristo y, por consiguiente, es una influencia maligna que solo nos guiará al fracaso y a la destrucción.

En Romanos 8:4-6 dice: «A fin de que las justas demandas de la ley se cumplieran en nosotros, que no vivimos según la naturaleza pecaminosa sino según el Espíritu. Los que viven conforme a la naturaleza pecaminosa fijan la mente en los deseos de tal naturaleza; en cambio, los que viven conforme al Espíritu, se enfocan en los deseos del Espíritu. La mentalidad pecaminosa es muerte, mientras que la mentalidad que proviene del Espíritu es vida y paz» (paráfrasis del autor).

El dejarse conducir por el Espíritu Santo produce «vida y paz», pero hacerlo por el espíritu del anticristo produce muerte, porque la vieja naturaleza pecaminosa que está en nosotros siempre se rebela contra Dios.

En todo momento la desición es nuestra. Cuando decidimos no dejarnos influir ni conducirnos según lo que el espíritu del anticristo nos dice, entonces, tendremos guerra, pero en Cristo, somos más que vencedores.

Con el estudio de la Palabra de Dios y la perseverancia en la oración, seremos victoriosos.

Esa misma victoria podremos lograrla en nuestra familia, comenzando en el matrimonio y continuando en la relación con los hijos y hermanos.

SU INFLUENCIA EN EL MATRIMONIO

En su tablero de comando, el matrimonio tiene un blanco perfecto y desde hace mucho tiempo ha logrado sus propósitos.

Sus planes, estrategias y caminos, nunca han cambiado, porque son los mismos sus propósitos : destruir el vínculo matrimonial. Algo que trágicamente viene creciendo en proporciones espeluznantes en la mayoría de los países del mundo.

La práctica del divorcio es muy antigua, a tal punto, que en la Biblia, por la rebeldía de los matrimonios judíos, en la época de Moisés, reclamaron la carta de repudio (divorcio).

Para lograr este propósito este espíritu tiene como objetivo lograr la desestabilización de los fundamentos matrimoniales.

Las armas que utiliza son: la duda y el descrédito, la indiferencia, la infidelidad, el orgullo y el egoísmo. Así maniobró Satanás en el principio con Adán y Eva respecto a la comunión que tenían con Dios. Primero le sembró la duda, luego desacreditó el orden moral de Dios y culminó despertando la codicia ofreciéndoles algo superior a la promesa divina, al decirles: «llegarán a ser como Dios».

La estrategia del espíritu del anticristo, siempre es igual, haciéndoles creer que lo que Dios ha dispuesto no tiene sentido y es relativo, por ejemplo, diciendo que solo es aplicable para aquella época y que ya es arcaico, es decir, en la actualidad ya no tiene vigencia.

Por ejemplo, si Dios dice que el matrimonio no debe disolverse, el espíritu del anticristo se ha encargado de enseñar, a través de los maestros modernos, que eso puede hacerse con toda facilidad.

En este punto deseo aclarar algo: el hecho de que la justicia haya preparado ciertos instrumentos para facilitar la disolución de un matrimonio, eso no quiere decir que es la voluntad de Cristo.

Muchas parejas no toman en cuenta lo que Dios dijo en el huerto del Edén, después de haber creado al hombre.

En Génesis 2:18 dice lo siguiente: «Jehová Dios dijo: no es

bueno que el hombre este solo. Le voy hacer una compañera para que sea de ayuda para todas sus necesidades».

En este pasaje muestra que el matrimonio no es un capricho de Dios ni algo que se le ocurrió al ser humano por sus propios medios, sino que, Dios mismo viendo la necesidad del hombre, hizo a la mujer para unirla al hombre.

En el verso siguiente revela que ningún animal podía ser capaz de satisfacer al hombre. Entonces en el v. 21, relata cómo Dios tomando una costilla del costado del hombre, formó a la mujer y se la entregó.

En este pasaje se revela, como Dios toma una parte del hombre, de su costado, lo cual significa que la mujer no está por debajo ni por encima del hombre, sino que ante Dios está a la misma altura, simplemente cumpliendo una función diferente que el hombre no puede cumplir. Es decir, la mujer viene a suplir una necesidad del hombre.

Finalmente en el v. 24 dice: «Esto explica porqué el hombre deja a su padre y madre y se une a su mujer, y los dos llegan a ser una sola persona».

Antes de entrar a ver las diferentes armas que el espíritu del anticristo utiliza para hacer su obra, veremos el reclamo de Dios ante la destrucción del matrimonio.

Unos cuatrocientos años ante de Cristo, el profeta Malaquías, entre los reclamos que hizo, dijo lo siguiente: «¿Por qué nos ha abandonado Dios?», claman. Les diré porqué; es porque Jehová ha visto sus traiciones al divorciarse de sus esposas que han sido fieles a ustedes durante años, las compañeras que prometieron cuidar y mantener. Fueron unidos a sus esposas por el señor. Dios, en su sabiduría, hizo que los dos llegaran a ser una sola persona delante de sus ojos cuando se casaron. ¿Qué és lo que él quiere? hijos piadosos, producto de su unión. Por eso ¡Guárdense de sus pasiones! sean fieles a la esposa de su juventud.

Porqué Jehová, el Dios de Israel, dice que odia el divorcio y a los hombres crueles. Por eso controlen sus pasiones y no se divorcien de sus esposas (cap. 2:14-16; paráfrasis del autor).

Este reclamo que Dios hace viene a ser confirmado por Jesús, cuando los fariseos le preguntaron al respecto, en Mateo 19:6, respondió: «Lo que Dios ha unido, que no lo separe el hombre».

Notemos que Dios considera el divorcio, una traición. Esta es contra el cónyuge y contra Dios.

En el rito cristiano, cuando una pareja se une en matrimonio, además de materialización legal, también van al altar, donde delante del ministro religioso y los testigos prometen cuidados, comprensión, sustento y fidelidad «hasta la muerte».

Este es un pacto, que cuando se viola, indudablemente se hace ante la ley humana y la de Dios.

Por otra parte, vemos que Dios odia el divorcio. Todo esto, nos dice muy claro, que cuando se pacta en el matrimonio, se crea una gran responsabilidad y compromisos, que cuando no se cumplen, indefectiblemente, las bendiciones que se van a buscar en el altar, se transforman en maldiciones.

Realmente, cabe pensar, que muchos toman el matrimonio como un juego de azar, como una lotería. Si todo anda bien, seguimos, si no, nos divorciamos. Esta es la mentalidad modernista.

Cuando Dios los creó en el principio, dice la Biblia, que «los bendijo».

Esa bendición está dispuesta para el matrimonio que quiere ser feliz, que quiere procrear. Dios es creador por excelencia, y así lo desea para los matrimonios.

Veamos cuáles son las armas que el espíritu del anticristo usa para llevar a cabo sus propósitos.

Una de sus armas más poderosa es hacerle creer al mundo que tanto la bigamia, como el tener relaciones sexuales con otras personas que no sean sus cónyuges, es algo natural, y en muchos casos en los hombres vendrían a ser como un símbolo de machismo.

Otras armas es el darse en casamiento temprano, en la adolescencia con el propósito de escapar de la tutela de los padres.

Este espíritu sabe usar este recurso inspirado en un espíritu de independencia.

También, a través de la relación prematrimonial ha logrado que muchos jóvenes deterioren la dignidad moral ante Dios, y en muchos de estos casos están obligados a contraer matrimonio sin conocer las responsabilidades que crea el mismo.

Como consecuencia de la relación sexual prematrimonial (fornicación) y el caso de infidelidad (adulterio), se ha proliferado el aborto, donde miles de criaturas, frutos del pecado, son asesinadas porque solamente pensaron en algunos momentos placenteros, sin tener en cuenta el daño que están haciendo a sus vidas y a la de otros.

Otra arma poderosa es el egoísmo. Existe un espíritu interviniendo en la mente de los cónyuges, donde en algunos casos de acuerdo y en otros no, deciden vivir bajo el mismo techo, pero llevando una vida independiente en todo sentido. Este espíritu moderno es visible cada día más en la sociedad.

En el egoísmo se ha visto a menudo, que el cónyuge no abandona sus costumbres de soltero y tampoco quiere dar prioridad a su matrimonio, permitiendo que sus antiguos amigos ocupen la mayor parte de sus afectos y tiempo. Esta actitud trae desencanto, fricciones y hasta infidelidad, y por último, ruptura.

El orgullo es otra arma. Cuando una pareja se une en matrimonio deben saber que siempre van a surgir inconvenientes. Estos pueden ser morales, aunque no debería, pues se han prometido fidelidad y lealtad en todo.

Otros de los inconvenientes pueden ser económicos, lo que va a provocar desesperación y ansiedad, entonces puede producirse una ruptura o por el contrario, afanarse desmedidamente (preocuparse), que a su vez hará que tengan poco tiempo para estar juntos, amarse y comunicarse. Esto hará que el amor prometido vaya desapareciendo y al final se transformen en personas totalmente materialistas, puesto que ese es el propósito final del espíritu del anticristo. Cuando él logra cambiar el amor por el materialismo, entonces el matrimonio se ha constituido en una asociación que su único propósito es aumentar las posesiones. Esto es muy peligroso, pues ante cualquier desacuerdo puede romperse él vinculo matrimonial.

Dios siempre ha querido prosperar al matrimonio, sin embargo, Jesús dice en Mateo 24:34: «No puedes servir a dos amos; no puedes servir a Dios y al dinero. O amas a uno y odias al otro, o viceversa. Por lo tanto te aconsejo que no te preocupes por la comida, la bebida, el dinero y la ropa, porque tienes vida y eso es más importante que comer y vestir. Fíjate en los pájaros, que no siembran ni cosechan ni andan guardando comida, y tu Padre Celestial los alimenta. ¡Para él tú vales más que cualquier ave! Además ¿qué gana uno con preocuparse? Mira los lirios del campo, que no se preocupan del vestido, y ni aun Salomón con toda su gloria se vistió jamás con tanta belleza. Y si Dios cuida tan admirablemente de las flores, que hoy están aquí y mañana no lo están ¿No cuidará mucho más de ti, hombre de poca fe? Por lo tanto, no te andes preocupando si tienes comida ni si tienes ropa. ¡Los paganos son los que siempre se andan preocupando de estas cosas! Recuerda que tu Padre Celestial, sabe lo que necesitas, y te lo proporcionará si le das el primer lugar en tu vida. No te afanes por el mañana está en manos de Dios. Confía pues en él!» (Paráfrasis del autor).

Creo que estas palabras de Jesús son tan claras que no necesitamos agregar mucho, para entender que tanto para el individuo como para el matrimonio, Dios tiene reservado el futuro aquí en la tierra como en la eternidad.

Siempre, en el propósito de Cristo está, que disfrutemos de la compañera o compañero para siempre. Solamente, que el espíritu del anticristo ha creado una maquinaria consumista, entonces influye en nuestras pasiones impulsándonos a dejar de lado los valores que realmente pueden hacernos felices, por afanarnos para lograr lo que hoy está y mañana desaparece.

He conocido un empresario, por los años 70, en Argentina, que había prosperado grandemente. Recuerdo que trabajaba muy duro para lograr llegar a todo lo que se proponía. Su esposa, era una profesional muy inteligente y ambiciosa. Ella también trabajaba de una manera que llamaba la atención. Aparentaba ser una mujer fuerte y dura.

Un día, comenzaron a discutir, quien hacia el mayor aporte en el hogar, quién merecía mayor atención y quién tenía mayores derechos. Esta discusión fue el inicio de una serie de otras. Todas estas discusiones fueron creando desconfianza, luego resentimientos y por último odio. Ya no tenían contacto físico, sino solo verbal y para agredirse.

El espíritu del anticristo envió su golpe final, un día decidieron divorciarse. Aquello fue trágico en sus vidas. Nunca más fueron felices, aunque pienso que jamás lo fueron si fundaron el matrimonio sobre bases económicas y materiales.

Otra de las armas más perversas que utiliza el espíritu del anticristo es el machismo por parte del esposo. He escuchado casos de mujeres que antes de contraer matrimonio, el hombre en el noviazgo era totalmente diferente al hombre que descubrieron después que se casaron.

De repente, la actitud amorosa, comprensiva armoniosa se transformó en una actitud oligarca, autoritaria y en muchos casos con la violencia verbal y física. También existen casos de hombres que heredan estas actitudes, de sus padres. Indudablemente, estos son casos donde el espíritu del anticristo influyó desde siempre en hombres y en algunos casos en mujeres.

Uno de estos casos, es el de la esposa de un ministro de Dios. Ella, había conocido antes a un ministro con quien contrajo matrimonio. Tuvieron dos hijos. Sin embargo, los años que vivieron juntos fueron un infierno. Él, era aplicado, un lider de jóvenes y aparentemente podía ser el esposo perfecto, sin embargo, luego de casarse, comenzó a mostrar cual espíritu era el que realmente había en su mente y alma. Comenzó a maltratar a su esposa e hijos, le fue infiel. Actuaba con violencia sexual y física con su esposa y con otras mujeres con quien adulteraba. Su esposa y sus hijos desesperados, tuvieron que abandonarlo. Ella nos contaba, que estaba dispuesta a soportarlo con la esperanza de que algún día se produjera un cambio en él, pero cuando supo que no era ella sola la víctima, sino que había otras, entonces, entendió que debía alejarse.

Este hombre indudablemente estaba influido por un espíritu maligno. Pues su misma esposa lo reconoce. Hoy gracias a Dios, restauró su vida y sirve a Cristo junto a un siervo de Dios que la ama, la respeta y juntos, con sus hijos están siendo prosperados.

Veamos lo que dice en 1 Pedro con relación a esto: «Esposos cuiden a sus esposas, sean considerados con ellas, porque es el sexo débil. Recuerden que sus esposas y ustedes son socios en cuanto a la recepción de las bendiciones de Dios, y si no las tratan como es debido, sus oraciones no recibirán prontas respuestas. Finalmente, sean como una familia grande, feliz, compasiva, donde reine el amor fraternal. Sean cariñosos y humildes. Nunca paguen mal por mal ni insulto por insulto. Al contrario, pidan que Dios ayude a los que les hayan hecho mal, y Dios los bendecirá por ello. Si desean una vida feliz y agradable, refrenen su lengua y no mientan. Apártense del mal y hagan el bien. Procuren vivir en paz a toda costa, porque si bien es cierto que Dios cuida a sus hijos y está atento a sus oraciones, se opone duramente a los que hacen el mal» (cap. 3:7-12; paráfrasis del autor).

A las esposas les dice: «Esposas, acomódense a los planes de sus esposo; es probable que los que no creen el mensaje que predicamos cambien de opinión ante su respetuoso y puro comportamiento. ¡No hay mejor mensaje que el de una buena conducta!

No se preocupen tanto de la belleza que depende de las joyas, vestidos lujosos y peinados ostentosos. La mejor belleza es la que se lleva dentro; no hay belleza más perdurable que agradar a

Dios y la de un espíritu afable y apacible» (vv.1-4; paráfrasis del autor).

Es bueno hacer una aclaración en cuanto a la belleza. Este consejo no dice que la esposa debe ser abandonada en cuanto a su presencia. Lo que el apóstol aconseja es no exagerar en cuanto al arreglo y adorno exterior. La esposa debe estar siempre bien presentable para el esposo y tratar de atraer la atención de él. No se necesita gastar mucho dinero para esto, sino solo estar limpia y bien vestida, incluso mantener en orden y limpia la casa. Esto agrada a Dios y al esposo.

Siempre en el propósito de Dios está la dignidad en el matrimonio y la familia. Sean cuales sean las razones que no lo permitan, Dios escucha las oraciones y si hay armonía, él responderá supliendo «toda necesidad».

Por último, otra de las armas que utiliza es el entrometimiento de terceros.

Este es un problema serio, que el espíritu del anticristo aprovecha para entorpecer y desalentar el crecimiento del amor en la pareja.

Sin amor es imposible que un matrimonio pueda perdurar, pues es, además de Dios el fundamento principal.

El amor a primera vista, el que generalmente impacta en el principio, es un amor frágil, que solamente es como una semilla. Esa semilla, como toda planta, necesita echar raíces y ser cuidada para que se convierta en una planta y luego en un árbol. Para este proceso se necesita tiempo y dedicación.

Pero este proceso, es para los cónyuges en su intimidad. Quizá tengan que tomar decisiones, promover cambios y sacrificios en la conducta personal de cada uno en bien del matrimonio.

El problema es cuando se pierde esa intimidad y se permite que los terceros, como familiares y amigos, se entrometan en la vida de ese matrimonio.

A no ser por un caso de extrema urgencia, de consejo o advertencia o suplir alguna necesidad, recomiendo a los padres, hermanos y demás, de abstenerse de entrometerse interviniendo o presionando a la pareja o algunos de ellos.

Si la pareja necesita ayuda, es necesario que busquen el consejo de Dios y luego el de algún experimentado, lo cual puede ser mamá, papá o un amigo o pariente. Pero insisto, en el caso en que la pareja esté de acuerdo.

El espíritu del anticristo trata de anular el conocimiento sobre la verdad bíblica, donde dice: «Dejará el hombre a su padre y a su madre, y se unirá a su esposa, y los dos llegarán a ser un solo cuerpo».

Cuando dice que serán un solo cuerpo, no se refiere solamente a la unidad física en la relación sexual, sino también, en los pensamientos, propósitos, decisiones y todo lo que concierne a la vida del matrimonio y de la familia.

Cuando nuestra hija Claudia contrajo matrimonio con su esposo Marcelo, no tenían un hogar propio. Mi esposa y yo, les ofrecimos un pequeño departamento en nuestra casa. Ellos vivieron allí un tiempo. Varias veces, sin quererlo, escuchamos discusiones y llantos, sin embargo, nos habíamos propuesto los dos, no intervenir, sino solamente orar y si ellos pedían ayuda, entonces hacerlo.

Ahora, después de ocho años tienen un matrimonio consolidado, incluso, mientras escribo este libro, están viviendo de nuevo, temporalmente con nosotros, pero con dos nietos hermosos que nos regalaron.

El espíritu del anticristo no dejará pasar oportunidad alguna para tratar de desestabilizar el matrimonio, incluso afectando a los que lo rodean.

Él usará la tentación sexual, la envidia, los celos, la calumnia, los defectos, y cuántas otras maneras encuentre en personas dispuestas a ser influidas por él.

EL ESPÍRITU DEL ANTICRISTO Y LA FAMILIA

Este espíritu ha tratado de destruir la familia en toda su totalidad.

Si logra destruir el amor y la felicidad en el matrimonio, entonces tiene grandes posibilidades de destruir el plan familiar de Dios. El cual fue escrito en Génesis 1:27-28: *«y los bendijo con estas palabras: sean fructíferos y multiplíquense; llenen la tierra y sométanla».*

Lo primero que hizo fue bendecirlos y luego les ordenó que fructificaran y se multiplicaran.

Satanás, aún no había entrado en escena. Se entiende que esa bendición no era solo para ellos dos, sino para todos los que surgieran de esa multiplicación hasta hoy. Pero cuando intervino Satanás, la bendición se tornó en maldición.

Así como Dios creó la familia y ahora, Cristo es la cabeza de ella, el espíritu del anticristo hace todo lo posible para detener el plan de Dios y destruir la familia que creó.

Si este logra destruir la familia, entonces ha logrado destruir la sociedad. Pues cada área de ella se desenvuelve con la intervención individual y colectiva. La sociedad está compuesta de familias. Y si la familia está enferma, entonces tenemos una sociedad enferma.

Hemos dicho anteriormente, que donde hay contiendas Dios no puede enviar bendición.

Una de las armas más poderosas del espíritu del anticristo, justamente es el espíritu de contienda.

Las reacciones adversas, llevan a situaciones violentas que suceden sin que nadie las desee. Y muchas veces no podemos explicar cómo se llegan a los límites de odio, incomprensión y desconfianza.

En toda relación humana, donde hay vínculos estrechos, siempre se hace un poco difícil lograr que los ánimos no se enciendan en los momentos de incomprensión. La diferencia de caracteres y personalidades son herramientas que este usa para su arma llamada «contienda».

Así como en el matrimonio, si no se logra la armonía y la felicidad, entonces la familia está en decadencia. El amor y la felicidad, son el fruto del esfuerzo que hacen los padres y los hijos para sostenerlos y darles crecimiento. «Como vimos anteriormente, donde hay contiendas no puede haber bendición».

Sin embargo, la familia, puede ser atacada desde adentro y desde afuera.

Los ataques internos pueden ser emocionales, sentimentales y físicos, en caso de alguna enfermedad, accidentes, etc. y la insistencia en querer mantener una postura propia sin ceder a las pretensiones o propuestas de la otra.

Los ataques externos pueden ser por influencia de terceros, como en el caso anterior, de los matrimonios, donde los hijos, y aun los padres, por el hecho de estar envueltos en las cosas cotidianas y del mundo, son influidos a introducir nuevas ordenes, planes y actitudes totalmente contrarias a las enseñanzas de Cristo y las buenas costumbres.

Por otra parte, los problemas del matrimonio, aunque se pretendan mantener en secreto, trascienden a los hijos. Y en caso de rupturas, siempre los más afectados son los hijos. Existe una estadística que dice que cuando un matrimonio se disuelve, genera tantas tensiones y amarguras, que afecta a más de dieciocho personas, que son las más allegadas a ellos.

Hace unos años, una hermana nuestra, lamentablemente, por infidelidad y por haberse apartado de Dios, fue abandonada por su esposo. Fue tremendo el impacto que produjo en su esposa y sus hijos primeramente y también a los más cercanos, sus hermanos y familiares.

Por haber ayudado a muchos en nuestras campañas, hemos visto muchísimos casos donde el espíritu del anticristo ha tratado de arruinar las familias. No todos los casos son iguales. A veces ha existido infidelidad, otras veces los afanes de la vida, otras, la vieja naturaleza, desobediencia, falta de respeto, mentiras, odios y envidias, etc.

Recuerdo una oportunidad, que estábamos en una cruzada en una ciudad de Buenos Aires (Arrecifes). Una tarde, mientras dábamos consejería junto con los pastores locales vino a verme un hombre. Me contó llorando cómo había destruido toda su familia. Estaba compuesta por su esposa y once hijos.

Él era un anciano de una de las iglesias y trabajaba de policía en la ciudad. Un día conoció a una mujer que lo sedujo y se fue de su hogar renunciando a su familia, el trabajo y a la iglesia. Imagínese la conmoción que eso causó.

Esa tarde, cuando me contaba su historia, me di cuenta del poder destructor que tiene el espíritu del anticristo. Sin embargo, este hombre, busco el perdón de Dios. Cuando se arrepintió le ayudé a creer que Cristo podía restaurar a toda su familia. Inmediatamente, después de la reconciliación con Dios, regresó a su casa y por la noche, volvió a la iglesia con su esposa y cuatro de sus hijos. Al día siguiente, vino con cuatro más. Y la última noche de la cruzada, estaban sentados en primera fila, él, su esposa y diez de sus hijos. Faltaba uno. Casi al finalizar, llevaron a una joven endemoniada a la carpa, donde entre varios hermanos no la podían controlar. Me llamaron, y cuando entré en la carpa, el Espíritu Santo obró instantáneamente, dejando libre a la muchacha de ese demonio que salió gritando con odio terrible. Era la hija que faltaba, nadie sabía por dónde andaba, sin embargo, el Espíritu Santo la trajo para que fuera libre y terminar con la obra de restauración de esa familia.

Debido a lo que su padre hizo, un espíritu de odio, se apoderó de ella, se prostituyó y practicó la brujería.

¿Cuántos jóvenes, con padres separados o no, por haber desorden en su casa, por falta de amor y entendimiento, por falta de enseñanza, están perdidos y atrapados en el mundo de las drogas, la prostitución, el homosexualismo, etc.?

Existe una responsabilidad de los padres sobre los hijos. Dice la Biblia, que los hijos son herencia de Dios (Salmo 127:3).

Si los hijos son una herencia, entonces, son un regalo de Dios que se deben cuidar, aunque también existe una responsabilidad en los hijos; que es el respeto hacia los padres. Sin embargo, cuando los padres fallan, los hijos están expuestos a merced de aquel que no tiene misericordia, el espíritu del anticristo.

Los padres y los hijos debemos saber como reaccionar ante los problemas domésticos y los ataque externos.

Muchas veces, yo volvía de una campaña lleno de alegría y de bendición y me encontraba con un ambiente de tensiones. De repente veía discusiones entre mis hijos, discusiones con la madre, etc. Entonces, me encerraba en mi cuarto y oraba echando fuera todo espíritu de contienda y reclamaba la presencia del Espíritu Santo. Cuando regresaba, todo había cambiado. Así de esta manera se logra la armonía y el orden. Todos debemos saber que el espíritu del anticristo tratará de desvirtuar el orden y la paz en el hogar. Pero nosotros somos los responsables.

Este espíritu aprovecha la falta de comunicación. Un día, me di cuenta que había mucha confusión, y que cada uno hacía lo que quería. Entonces reuní a mi esposa y mis hijos y les pregunté a cada uno qué querían hacer. Ellos sacaron de su corazón sus expectativas, oramos y pusimos todo en las manos de Dios y él fue ordenando nuestros pasos.

En otra ocasión entendí que había reacciones contra mi conducta, entonces los volví a reunir y les pregunté a cada uno: ¿qué defectos ven en mí y desean que yo cambie? Quedé sorprendido en gran manera, pues nunca hubiera imaginado los defectos y errores que tenía, y aun mi falta de sensibilidad a la necesidad de ellos.

¿Cuántas amarguras y desilusiones son generadas por la inconformidad, la desconfianza y la rebeldía de los hijos hacia los padres y viceversa? Pero ¿cuál es el espíritu que los lleva a esos pecado?

¿Cuál es el espíritu que hace que los padres sean incomprensibles, avaros, egoístas, desamorados?

Muchas veces el espíritu del anticristo influye en nosotros, y nos lleva a los extremos. Los afanes, las ambiciones, la posición social y otras propuestas del mundo hacen que olvidemos los valores y prioridades para la familia. Sin embargo, cuando somos confrontados con el espejo de otros, en especial, nuestra familia nos damos cuenta que caímos en una trampa y que a veces es tarde para remediarlo. Entonces es cuando el espíritu del anticristo ha ganado una batalla.

CAPÍTULO 4

EL ESPÍRITU DEL ANTICRISTO Y LOS MEDIOS DE COMUNICACIÓN

Los medios de comunicación se han creado con la mejor intención, para informar y trasmitir los conocimientos que va adquiriendo la humanidad.

Estamos tan acostumbrados a los medios que no nos damos cuenta lo maravilloso que son.

Comenzando desde la escritura, mediante la cual Dios nos comunica sus pensamientos y caminos (la Biblia), hasta hoy, que a través de satélites y aeronaves podemos comunicarnos con el mundo y el universo.

Hay en el aire multitud de ondas, que son captadas por el telégrafo, la radiofonía o la televisión y ahora, la *internet,* donde podemos informarnos y comunicarnos con todo el mundo en cuestión de segundos.

Los progresos en la electrónica facilitan esa difusión que es utilizada por la técnica para el servicio de la sociedad.

Estos se han agregado a otros medios antiguos como son: el arte, el periodismo, la música, el transporte, etc. Quienes lo descubrieron y desarrollaron, lo hicieron con la intención de que disfrutemos de un mundo mejor, aunque muchos se usan de una manera que quizá sus creadores no lo imaginaron.

Por ejemplo, en el campo militar, la tecnología civil fue incorporada al armamento sofisticado, donde apretando un botón o un control remoto, es posible destruir pueblos enteros.

Como ejemplo tenemos al que inventó la pólvora, Alfredo Novel, lo hizo como una forma de ayudar a la explotación de la tierra. Él nunca pensó que luego se transformaría en un elemento que ha cobrado millones de vidas.

La comunicación no es algo que inventó el ser humano, sino que Dios creó al hombre con esa necesidad.

Desde las primeras conversaciones entre Adán y Eva, hasta las comunicaciones satelitales en la actualidad, todo ello procede de que los hombres deben comunicarse entre sí lo mas rápidamente posible. Hoy el hombre se siente triunfador porque puede hablar al instante con un semejante que está al otro lado del planeta o en la luna o el espacio.

Analizándolo de este modo, no nos queda duda que los medios de comunicación son algo muy positivo.

Muchas veces son usados para fines muy elevados, como la predicación del evangelio, actividades artísticas, científicas, entretenimientos, noticias, deportes, etc.

En muchos países sus culturas han sido transformadas por su influencia, al punto que sus tradiciones se han diluido.

Como ocurre en muchos aspectos de la vida, esas influencias, a veces, han sido positivas, otras neutrales y en algunos casos lamentablemente han resultado sumamente negativas.

La radio, la gráfica, la televisión, los vídeos, la computación y todo elemento de comunicación directa son los elementos más notorios de esta moderna vida cultural que entra en nuestros hogares y en nuestra mente, y trasciende a nuestra conducta sentimental y emocional.

Sin embargo, debemos recordar lo que aclaramos al principio, que todo es movido por un espíritu, aun, sin que tengan conciencia de ello, tanto los que lo manejan o los que lo consumen.

Es claro, que si alguien produce, por ejemplo, un material televisivo que incluye violencia, drogas, borracheras y escenas sexuales, eso no indica que estamos ante un delincuente, un drogadicto o un alcohólico, pero, aun inconscientemente está reflejando una acción como de llevar al vicio o al crimen.

Así como ocurre con las personas, cada programa, presentación cinematográfica, radial o televisiva, también es movida por un espíritu.

Ahora bien, si todo ello, es movido por un espíritu, ¿cuál es ese espíritu?

Es indudable, que los que dirigen esas empresas o los que producen esos programas son estimulados por el espíritu que hay en sus mentes. Así también son las actitudes y lo que ellos producen.

Si su mente es perversa, también lo serán las acciones que ella promueve.

Actualmente, los espectáculos que ofenden y sacuden el pudor y las buenas costumbres, son tan frecuentes, que no da tiempo a pensar o a discernir lo que estamos consumiendo.

Ya no se respetan los horarios, ni la clase de personas que están frente a los televisores, revistas o periódicos.

Basta pensar que para promocionar cualquier cosmético, se apela a la imagen de fuerte contenido erótico como: una mujer desnuda, que es una tentación directa a la fornicación.

Son frecuentes los programas que presentan la falta de respeto de los hijos hacia los padres, los distintos caminos del adulterio, las relaciones sexuales prematrimoniales. También existen muchos programas y películas supuestamente culturales que presentan aspectos del esoterismo, brujería, hechicería, horóscopos, mentalismo, hipnotismo y violencia mística.

Todos estos programas y materiales contribuyen a la deformación de las verdades, así como a la degeneración de los principios de vida, que Jesucristo nos da, para el individuo, la familia y la sociedad.

El espíritu del anticristo ocupa un gran porcentaje en las compañías productoras, donde influye en sus dirigentes para producir estos tipos de variedades que, si bien es un buen negocio, no deja de ser un arma macabra, que destruye vidas y hogares que inconscientemente, por años han estado consumiendo veneno mortal.

¿Porqué decimos veneno mortal? Porque gran parte de estos programas e inclusive la música, se refieren a las relaciones sexuales ilícitas, incitan al odio y al abandono de los valores morales.

No es extraño que a menudo los padres no comprendan las reacciones y actitudes de los hijos, y que al mismo tiempo estos no comprenden porqué sus padres no les dan el amor que ellos esperan, o ¿por qué existen tantas fricciones entre unos y otros? ¿Por qué existe tanta maldad en el mundo, se preguntan muchos, inclusive, echándole la culpa a Dios?

Ya veremos que las razones son varias, pero, debemos darnos cuenta que estas influencias no solo contaminan al individuo, sino que trasciende a la familia, lo cual produce desorden en todos los aspectos.

1) Una de las razones, es que estos programas están diseñados según lo que los productores viven en sus propias vidas.

2) Otra razón es que todo lo sensacional tiene mayor posibilidad de venta.

Por eso el alto contenido de violencia sentimental y física. En ello, el ser humano encuentra una manera aparente de descargar sus iras contenidas y el deseo de que la justicia salga victoriosa, sin importar el costo de ello. De ahí descubrimos que ocurren sucesos similares en la vida cotidiana y que las mismas autoridades y la sociedad no encuentran explicación para esos comportamientos.

3) Otra razón, es que el espíritu del anticristo, conoce la tendencia en el ser humano, a descubrir nuevas aventuras amorosas. Entonces, las escenas de erotismo sexual, provocan un deseo desenfrenado en algunos casos, dando lugar a la fornicación y al adulterio. Incluso, en estos últimos tiempos, muchos programas incitan al pecado del homosexualismo y lesbianismo, pretendiendo colocarlo como un sistema de vida más libre.

4) Otra razón, es la producción de programas, películas y páginas gráficas, con un contenido total de misticismo, en la práctica del ocultismo, como espiritismo, hechicería, brujería, tarot, etc.

A través de estos medios, incluso la gráfica, este espíritu ha logrado introducir estas desviaciones espirituales, haciendo creer a la gente, que debe ser parte normal de la vida de los individuos y las familias.

5) También existe una razón que ha marcado tremendos cambios en las familias, y esta es la música que se oye.

La mayoría de las letras de ellas se refieren a la relación sexual, al abandono, la separación, la muerte, protestas, aunque a veces son justas, etc.

6) Otra razón, es lo que se enseña en las escuelas, y las universidades y la sicología moderna del libertinaje. Otra es, la justicia deteriorada, donde rara vez se hace justicia.

En cuanto a la primera razón, está comprobado que se aprende tanto por los ojos como con los oídos. Es decir, cada uno tiene la decisión de escoger lo que quiere ver y oír. Ante una pantalla o un teatro, usted y yo tenemos la posibilidad de aceptar o rechazar lo que nos ofrecen.

Indudablemente, que si hay una escena de relación sexual, por no llamarlo pornográfica, esta va a despertar en mí el deseo sexual y ello me puede llevar a cometer el pecado indeseado. Dios no condena la relación sexual en el matrimonio, sino más bien la que es ilícita, es decir, la que se lleva a cabo fuera del matrimonio. Sin embargo, yo creo, que aun dentro del matrimonio, la aventura sexual debe ser creativa y santa, pero la inspiración debe ser de la misma pareja.

Hemos descubierto que muchos hombres y mujeres, han caído en la trampa del espíritu del anticristo, deshonrando el lecho y el matrimonio, como también a Dios, por la razón de que fueron influidos a través de estas escenas eróticas.

Así lo escuché varias veces inclusive de siervos de Dios, que después de haber atraído multitudes, descubrieron que habían caído en dicha trampa, arruinando sus ministerios y deshonrando el evangelio.

En la Biblia encontramos un caso en particular, donde nos da un claro ejemplo, a pesar de la falta de televisión y cine.

El rey David, cierto día de ocio, se paseaba por la terraza del palacio y de repente vio la figura de una mujer bañándose desnuda. Se llamaba Betsabé. Era esposa de uno de los militares del ejército.

David, la hizo traer, tuvieron relaciones sexuales, y ella quedó embarazada. Como consecuencia, David mandó a matar a Urías, el esposo de Betsabé, en el frente de batalla.

Las consecuencias de este pecado fueron trágicas. El casi se muere de tristeza, luego comenzaron una serie de divisiones en su familia y en el reino, y otros sucesos que hicieron arrepentir muchas veces a David por dicho pecado.

Lo que descubrimos es que si David, hubiera estado ocupado en lo suyo, ya sea en la batalla, con su familia o trabajando, no hubiera captado la primera escena, entonces no hubiera caído en la trampa.

Hace poco, escuché de un pastor amigo, la historia de una familia en la ciudad donde ellos viven. El padre es un ministro de alabanza, pero tiene un problema que aún no ha podido solucionar. En las horas de ocio, especialmente en la noche bien tarde, tiene la tendencia de buscar un canal erótico, llamado play boy. Necesita un código en su control remoto para conseguir dicho canal. Su hijo, una noche, espiando a su padre, descubrió el código. Días más tarde comenzó a ver ese canal, en especial las escenas de erotismo. Más tarde, ese jovencito, cargado con esas imágenes, manoseo a una compañera de la escuela. Ahora, la familia, enfrentan un juicio por acoso sexual.

Lo trágico es también, que muchos padres no son solos los promotores de estos hechos, sino que ellos mismos caen en la trampa del espíritu del anticristo, y por causa de él, despiertan en su alma las pasiones, donde luego dan lugar a la infidelidad, las violaciones y cuantas otras maneras de pecar en este sentido existen.

Jesús dijo en Mateo 5:29: «Por tanto, si tu ojo derecho te hace pecar, sácatelo y tíralo. Más te vale perder una sola parte de tu cuerpo, y no que todo él sea arrojado al infierno».

Jesús no está diciendo literalmente sobre la necesidad de extirparse un ojo, sino más bien, tener la fortaleza y la decisión de rechazar y evitar ese programa o escena que seguramente va a tentar a nuestras sensaciones.

La vista, la mirada, el ojo, es el órgano que capta y luego graba las escenas, los movimientos y las actitudes. También los oídos son órganos muy sensibles que producen el mismo efecto. Por lo tanto, lo que se debe cuidar mucho de las cosas que luego nos pueden impulsar a hacer lo indebido es lo que vemos y lo que escuchamos. No se puede evitar que una bella mujer pase por delante nuestro o viceversa, tampoco se puede evitar actos inmorales, pues estamos en este mundo de pecado. Pero, sí podemos evitar persistir con la mirada y despertar la codicia. Eva, no pudo evitar a la serpiente, ni tampoco el fruto prohibido, el error de Eva fue entrar en la conversación con el enemigo y luego acceder a su propuesta, sin embargo, si ella hubiera seguido su camino, no dando caso a la tentación del diablo, hoy no habría necesidad de escribir este libro, pues el espíritu del anticristo no existiría.

Hoy en día, otra de las razones para evitar estas escenas son las consecuencias terribles de estas relaciones, ya que se pueden contraer pestes como el SIDA y otras. Lo cual ha traído graves problemas y muertes prematura a miles de personas, destruyendo hogares y familias.

En cuanto a la segunda razón, la fuerte carga de sensacionalismo, está creando mentes perversas y sucesos increíbles que un ser humano pueda llevar a cabo.

Al igual que las escenas de sexo, las de violencia, de sangre y muerte, despiertan el deseo de cometer los mismos crímenes, las mismas maneras de venganza, etc.

Sabemos que muchas veces los sucesos de la vida cotidiana sirven para inspirar a los productores. Sin embargo, estos, que muchas veces son diseñados por la imaginación, son los que sirven de inspiración a miles de jóvenes y adolescentes y en algunos casos niños, que luego tratan de imitar a los protagonistas.

He conocido sitios reales, donde niños, por venganza y reprensión, han matado a su hermano. En otros casos a su madre o padre, etc. Incluso, casos donde jóvenes han matado a compañeros de escuela.

Hay otros casos donde aprendieron a portar un arma y ahora están pagando una condena por asalto y muerte en la vía pública.

Aunque el auge de la televisión ha disminuido bastante la industria gráfica, de todas maneras, sigue teniendo gran influencia, especialmente en los que se refiere a comentarios, noticias, promociones, deportes, etc.

Podemos notar también en ella, una influencia tremenda del espíritu del anticristo. Comenzando con las noticias, que con el propósito de obtener mayores ventas, muchas veces son demasiado sensacionalistas. A veces tienen tanto poder que son capaces de desatar guerras, conflictos sociales, traumas sociales, etc.

Continuando con publicaciones groseras como: mujeres desnudas, acto sexual, y demás insinuaciones, hasta las páginas donde ofrecen servicios las prostitutas y ocultistas.

En una cruzada vino a verme un hombre con un problema de pecado, el cual lo tenía atado y deprimido. Su esposa y sus hijas lo habían abandonado, debido a las actitudes perversas que tenía. Sabía que estaba destruyendo su hogar y que él era el causante, pero no encontraba la forma de solucionarlo. Pidió ayuda al sicólogo y a sus amigos, pero seguía peor. Al final de la conversación, confesó, que tenía una obsesión por distraerse con fotografías y escenas eróticas de una famosa revista muy conocida. Había caído en el pecado de la masturbación, y muchas noches las pasaba fuera de su casa, pasando de cabaret en cabaret.

Cuando él confesó todo eso, un demonio se manifestó en él, luego de expulsar ese demonio, el hombre renunció a todo y entregó su vida a Cristo y volvió a su casa para comenzar una nueva vida con sus seres queridos.

Muchas veces se han dado casos también, de empresarios y periodistas que han hecho pactos con la mafia o con políticos para tapar toda clase de crimen, dar información errónea, desinformar o silenciar testimonios para la justicia.

Pero también aquí se destaca la plena apertura a todo lo mundano y falso, sin embargo, pocas veces encontramos lugar para la predicación del evangelio. ¿No estará influyendo el espíritu del anticristo también en este medio?

Sin duda, este ha sabido influir sobre productores que inconscientemente son inspirados para introducir formas y métodos para matar a otros.

En una oportunidad, mis hijos querían que les rentara un vídeo de película. Cuando llegué al lugar busqué alguno que no tuviera contenido sexual, ni de violencia ni de hechicería. Lamentablemente, casi no había. Preguntamos al joven que atendía la tienda y nos dijo: prácticamente no hay nada. A duras penas encontramos uno entre los cientos que habían.

No podemos escapar a la realidad de la vida, todos los sucesos, aunque a veces son sensacionalistas, son reales. A través de la televisión, películas, gráficas y otros, el espíritu del anticristo ha logrado cambiar los valores espirituales y morales de la sociedad y la familia.

Por estas razones debemos pedir a Dios lo que nos recomienda el apóstol Santiago 3:17: «*En cambio, la sabiduría que desciende del cielo es ante todo pura, y además pacífica, bondadosa, dócil, llena de compasión y de buenos frutos, imparcial y sincera*».

Debemos pedir la sabiduría celestial para poder escapar de toda contaminación de maldad, por lo menos en nuestras vidas y hogares.

Sin embargo, existe otra sabiduría, que es la que el espíritu del anticristo ha introducido en el mundo. Es la que el mismo Santiago, declara en el v. 15 : «*Ésa no es la sabiduría que desciende del cielo, sino que es terrenal, puramente humana y diabólica*».

Cuando pedimos sabiduría a Dios, él nos da discernimiento de espíritu. Entonces descubriremos la obra silenciosa y macabra del espíritu del anticristo, y no permitiremos que entre en nuestros hogares ni que influya en nuestras mentes.

Lo mismo ocurre con la radio, que penetra especialmente con la música, los horóscopos, programas y publicidades que incentivan al descubrimiento de aventuras, a los juegos de azar y programas con un dialecto sucio que sirven para arruinar el buen gusto.

La gráfica, donde se aprovechan espacios ofreciendo servicios espirituales a cargo de brujos, espiritistas, tarotistas, prostitutas y ahora hasta homosexuales.

Medios donde se fomenta la idolatría, la criminología, la promiscuidad sexual y otras maneras nefastas de destruir la sociedad.

No es mi ánimo condenar los medios, pero sí advertir que el espíritu del anticristo tiene una fuerte influencia en ellos, utilizando personas dispuestas a llevar a cabo sus intenciones, sin querer, en algunos casos y en otros a propósito, pues sabemos de pactos que se realizan con Satanás para tener éxito en sus ganancias.

Tenemos como ejemplo un inofensivo personaje televisivo el cual le recomiendo leer detenidamente: inocencia animada Dragon Ball Z, GT. La compañía BIG Studio Animation, es una de las compañías de mayor éxito en la China, creadora de la mayor parte de los dibujos animados como: Los Thundercarts, Caballeros del Zodiaco, Sallor Moon, etc.

Esta compañía ha creado el dibujo animado de mayor éxito mundial, el cual generó millones de ganancias y sigue generándolas «el famosísimo Dragon Ball Z», el cual ha atrapado a millones de niños por todo el mundo pero, toda causa humana tiene su efecto. Esta compañía realiza pacto con el diablo, sus creadores, son los más grandes satanistas conocidos en el oriente. Ellos van a un lugar llamado MILK, una colonia China que se caracteriza porque todos sus habitantes son brujos, hechiceros, satanistas y espiritistas. A continuación se les mostrará sus orígenes y algunos términos utilizados para involucrar a los niños. La base de este dibujo chino, escrito por el sacerdote budista chino Wu Cheng en donde su nombre Dragon Ball Z significa «la bestia en venida» y se admite este significado en toda China. En la producción sobresale un luchador de artes marciales llamado Goku o Karaoto, que significa: posesión demoníaca, este luchador pertenece al mundo de los Sayayines, significan en algunas ciudades orientales «Poseídos por el demonio» Goku, pelea con varias técnicas especiales efecto de la cantidad de KIT que posee el luchador, estas son sus técnicas y significados (los niños las memorizan y la repiten)

Técnica Heme Hame Ha. Palabra clave de los brujos espiritistas para invocar a Satán utilizado en los ritos satánicos.

Técnica el Kayo Ken: Significa maldad por nuestras vidas, la poderosa fuerza diabólica que ofrece el diablo a los hechiceros a cambio de sus vidas. Ellos esperan seis días para prepararles para recibir esta fuerza. Goku tiene su esposa llamada Milk, colonia al sur de china, de habitantes brujos, el suegro de Goku, se llama Oxsatan, que quiere decir mi Satán, también sus compañeros inseparables son: Picoro, que significa el rey maligno del otro mundo, enseña que el infierno es un lugar espectacular. Ten Shihan: Es el principado que protege a los brujos y hechiceros, le atribuyen omnipresencia, por esto el personaje tiene tres ojos. Krillin, nombre de la hechicera del siglo XII, esta bruja tiene seis cuervos negros, ella decía que eran sus espíritus, por esto el personaje tiene seis puntos en la frente, los niños pintan en su frente los seis puntos de Krillin.

Yancha: El nombre de un poderoso brujo que aun existe en la China, al cual se le adora abiertamente y dice que su creador fue Satanás

Roshi: Maestro de Goku es una pócima maligna, hecha a base de plantas, utilizadas en sus cuerpos para entrar a sus ritos satánicos

Kajosama: Maldad eterna

Enmasama: Pecado eterno

Kamisama: Infierno eterno

Rey Yomma: Príncipe Satanás

También se habla de un lugar llamado Name Kusien, formado por los idiomas árabe y chino donde se encuentra lo principal del relato.

Las esferas del dragón, el cual se llama Shailon, significan: Eterno y poderoso Satanás, utilizadas para invocar su nombre en los ritos satánicos.

Hemos mencionado a groso modo, pequeñas ilustraciones las cuales advierten la peligrosidad de este dibujo animado para sus hijos.

En los nuevos episodios hablan más abiertamente y presentan «al infierno como un lugar agradable y la muerte como al reversible y sin importancia. Algo más que sale en la serie es un flash, con una luz potente, de la cual no nos damos cuenta conscientemente, con lo que se creó un control subliminal para la adicción a esta serie y a otras nuevas como: «Pokemon», que significa: monstruo de bolsillo.

Su creador es el joven japonés: Satochi Tajiri, que es el mayor antisocial de Japón. De niño coleccionaba cantidades de insectos y escrituras diminutas.

Hoy tiene treinta y cinco años y le llaman Otaku, que significa:

«Solo existe violencia y destrucción disfrazada de ternura».

La idea principal es crear una adicción la cual dice en su eslogan: «No importa como tienes que atraparlos a todos», tarea que no termina porque cada vez que sacan uno nuevo, los niños se roban entre sí las llamadas pokebolas.

El principal monstruo de esta serie es un aparente tierno llamado Pikachu, oración oriental para invocar a Satán. Este tiene cola de relámpago, la cual significa: rebeldía de Satanas, imita ser, parte querubín y parte dios de trueno. (Lucas 10:18 nos habla de su significado. Estos monstruos evolucionan robándoles el alma a los demás.)

Como ejemplo de su obra en los niños contamos lo que ocurrió en Diciembre de 1987: Aproximadamente setecientos niños quedaron hipnotizados y en shock, después de un episodio de Pokemon. En New York un niño apuñaló a otro por robarle sus tickets.

Hasta aquí, el informe de estos seres creados, aparentemente inofensivos.

Ha habido otros como los Pitufos, los cuales también han hecho su efecto en miles de niños, y otros que aparecen en las pantallas de los televisores.

El espíritu del anticristo ataca así como Pablo lo revela en Efesios 6:16: «Que tira los dardos de fuego usando estas armas tan poderosas».

Detrás de cada aparato está agazapado, como león rugiente buscando a quien devorar.

Lamentablemente, cuando tratamos de usar los medios para difundir el evangelio y producir cambios en las vidas, el espíritu del anticristo, a través de hombres perversos, nos ataca y persigue.

Recuerdo, cuando teníamos un programa radial en Argentina, que estaba dando muy buenos resultados, de la noche a la mañana recibe la noticia, que un grupo religioso católico asociado a un empresario nos cerraban la posibilidad de seguir con la programación. Esto es lo que se llama, censura subterránea. Sin embargo, estas mismas emisoras no reciben traba alguna cuando sus programas son corruptos y están contra las enseñanzas de Cristo.

Medios, donde en vez de comunicar, incomunican, así como en vez de edificar, destruyen.

¿Por qué razón decimos esto? Pues, porque además del contenido, también nos roba tiempo que necesitamos para desarrollar la comunicación familiar. Son muchas las familias que viven pendientes del televisor y la radio. Entonces, en la falta de tiempo para dedicar a las relaciones familiares, es donde se pierden los afectos, se produce un vacío entre los miembros y consecuentemente estamos desinformados en cuanto a las cuestiones domésticas. A veces nuestros hijos necesitan consejos o tienen ciertos problemas que no los pueden compartir, porque estamos instalados horas frente a un aparato que ha ocupado el primer lugar dentro del hogar. Cuando los miembros de la familia quieren dialogar, no lo logran pues el televisor parece más importante.

Vuelvo a reiterar, no debemos desechar los medios, pero si debemos poner prioridades dentro del grupo familiar. En cuanto a los momentos y lo que necesitamos ver y oír. No debemos suplantar la conversación, el estudio bíblico, la oración y la misericordia, por lo vano y superfluo que los medios ofrecen.

No debemos olvidar, que el Espíritu Santo, a quien hemos pedido que venga a nuestras vidas, es el primero en contristarse cuando no le damos el lugar que anhela tener en nuestras vidas. Como dejándolo en un rincón de la casa.

Pablo dice en Efesios 4:30: «No contristes al Espíritu Santo de Dios».

Debemos dar gracias a Dios por los programas y medios donde se pueden ver y oír producciones sanas, puras, sin doble sentido y que de alguna manera ayudan a una vida sencilla y en paz, como a Dios le agrada. También debemos dar gracias por los programas y medios cristianos, que hacen un equilibrio, ofreciendo los principios de Cristo, una nueva vida y la adoración verdadera a Dios. Todo cristiano debe apoyar con sus oraciones y materialmente a estos medios.

EL ESPÍRITU DEL ANTICRISTO Y LA MÚSICA

En nuestros tiempos, posiblemente, la mayor influencia, sea la que ejerce «la música». Ella, penetra en los sentimientos, de modo tal, que se ha descubierto que llega a tener dominio sobre la mente y aun, controlar el subconsciente.

Muchos empresarios han descubierto como utilizar la música para influir especialmente sobre los jóvenes.

Naturalmente, lo hacen con fines de lucro, pero lo que más llama la atención es la deformación que logran en la mente de los consumidores.

Hoy se puede ver grandes masas de jóvenes y en especial adolescentes que son movidos por esos empresarios y cantantes, por lo cual bien vale la pena preguntarnos? ¿Cuál es el espíritu que los impulsa?

Ha sido bien estudiado el fenómeno de la música Rock y mucha de la contemporánea, donde se han descubierto «efectos subliminales», es decir, aquellos que se trasmiten de manera técnica, por ejemplo en ciertas frecuencias, que no son captadas conscientemente por los sentidos, pero que se almacenan en el subconsciente y desde allí determinan su conducta.

Estas informaciones subliminales, actúan directamente en el subconsciente, luego actúa en la mente y consecuentemente degenera las actitudes y reacciones de las personas.

Estos mensajes subliminales, en el caso de los casetes, están grabados en lado reverso de la cinta.

En el caso de los discos, se pueden descubrir, girándolos hacia el reverso

La técnica de incorporar mensajes subliminales, es usada, desde el principio por las compañías de gaseosas. Estos mensajes, no se ven y aparentemente no se oyen, pero provocan un fuerte deseo de consumir aquellas bebidas.

Hoy hacen lo mismo quienes llevan al uso y abuso del alcohol, drogas y demás estupefacientes destructores.

De este modo se pueden ver masas de jóvenes extenuados, idos, iracundos, preparados para reaccionar ante cualquier deseo o tentación, a cometer asesinatos, al punto de matar a sus propios padres y hermanos, como lo mencionamos anteriormente.

Por otra parte, despiertan el deseo de erigirse ídolos, entre los cantantes, grupos musicales, de los cuales muchos de ellos inducen a una adoración al mismo Satanás.

Bastará narrar un ejemplo. En una oportunidad, en los Estados Unidos, tres jóvenes mataron despiadadamente a un amigo.

Después de la tragedia, una de las madres se puso a investigar que podía haber llevado a su hijo a cometer tan horrorosa acción, pues aparentemente siempre se lo vio como «un joven normal», de solo dieciséis años.

Descubrió, que pasaba gran parte del tiempo escuchando música de conjuntos como *Iron Maiden, Black Sabbath y otros.*

No solamente se descubrió sus mensajes subliminales, sino

también las letras de las canciones cargadas de odio, inducción a la violencia y asesinato, a la drogadicción y hasta la adoración a Satanás.

Estos jóvenes eran fanáticos de estos grupos, y descubrieron, por una carta, que ellos habían hecho un pacto con el diablo, en el cual, le dedicaban la vida de su amigo, a quien luego mataron.

Cuando el hijo de esta madre fue entrevistado en la prisión, él manifestó que estaba arrepentido, pero que lo había hecho inconscientemente sin saber porqué. Decía, que escuchaba una voz en su mente que le decía que debía matar al amigo, y que había una fuerza en su interior que lo impulsaba a hacerlo.

Una vez, que fue libertado de ese demonio, fue interrogado, donde reconoció, que su vida había sido arruinada por el impacto que influye sobre ellos, esas bandas y cantantes, a través de la música

La madre no sabía, que su hijo podía estar influenciado por un demonio.

Sin embargo, hoy está pagando una condena de prisión perpetua, y nosotros nos preguntamos; ¿cuantos jóvenes habrá que, aunque aparentemente están en libertad, realmente son prisioneros del espíritu del anticristo?

Hoy nos resulta fácil comprobar, con la simple lectura de las letras, como se crean fantasías con efectos que introducen fácilmente, confusión, desorientación, promiscuidad sexual, fanatismo idolátrico, pactos satánicos y muerte, en las mentes de miles de jóvenes.

La música, como los demás programas, requiere una inspiración, es decir, que proviene del espíritu del autor. Cuando este tiene un espíritu sano, lo que cree serán sano, pero quien tiene una mente reprobada, tiene un corazón contaminado, sus sentimientos están tergiversados y su voluntad lo lleva a destruir. «Ese es el objetivo del espíritu del anticristo: anular los buenos sentimientos, todo lo que sea ético y amable y de edificación, para que tanto los jóvenes como los adultos traten de llenar su vacío interior».

Lo más frecuente es recurrir a la música cargada de erotismo, violencia, corrupción y salvajismo.

Hoy se pueden ver estadios repletos de jóvenes atraídos por estas bandas y cantantes, pero muchos sabemos, que se convierten en verdaderos desenfrenos y orgías.

Un pastor amigo, en Argentina, me contaba de una jovencita, miembro de la iglesia, que fue a disfrutar de un recital de un muy conocido cantante mexicano, en Buenos Aires. (1994).

Al poco tiempo de comenzar el espectáculo, quedo perpleja, viendo desesperada a su alrededor, actitudes eróticas y relaciones sexuales. Conocedora de las verdades de Jesucristo, comprendió que aquel no era su lugar, y abriéndose paso entre la enloquecida multitud logró salir pronto de ese estadio.

Podemos reconocer que quizá el mismo artista no tenía conocimiento de ello y no estuvo en su intención provocar ese desenfreno, pero... ¿cuál es el espíritu presente en ese lugar? O ¿cuál espíritu lleva a esos jóvenes a entregarse a tanta bajeza?

Lo mismo podría mencionarse acerca de lo que ocurre en presentaciones de cantantes como Madona, Rolling Stones, donde antes de cada actuación, ya habían habido víctimas, vendedores de drogas y alcohol, gente endemoniada, etc. No se trata de decir o no que ellos están poseídos por algún espíritu, sino repetir la seria cuestión si no hay alguno que domina las masas juveniles.

En estos casos ocurre lo de la parábola de la cizaña (Mateo 13:25): mientras los padres duermen, el enemigo se dedica a sembrar la mala semilla.

«Y el espíritu del anticristo se dedica a trabajar en la mente y el corazón de los hijos».

He descubierto que los hijos no son como las acciones de la bolsa, que se pueden dejar para que produzcan beneficio sin que se los cuide. Pues debemos tener presente, también, como dice Jesús en Juan 10:10: «El ladrón no viene más que a robar, matar y destruir». Una característica del que hurta es que «penetra sigilosamente». Así obra el espíritu del anticristo. Actúa, aunque no se lo vea.

Recuerdo, cuando tenia 18 años, nos unimos con otra familia para tomar unas vacaciones en una ciudad balnearia de Argentina. Éramos como 10 personas que ocupábamos una gran casa. Una mañana, cuando nos levantamos de dormir, descubrimos que habían desaparecido pertenencias de los cuartos donde dormíamos y de otros compartimientos de la casa. Por supuesto, fue lamentable, pero lo que más nos llamo la atención, es que el ladrón o los ladrones, entraron en la casa, estuvieron prácticamente al lado nuestro y ninguno nos dimos cuenta de su presencia y de lo que estaban haciendo.

Así obra el espíritu del anticristo, nos damos cuenta de su existencia y de su obra, después de que llevo a cabo su propósito.

A los hijos, tratando de no fastidiarles debemos instruirles y hacerles comprender el daño que les puede causar el consumo de la música mundana.

Proverbios 22:6 nos enseña: «Instruye al niño en su camino, y cuando fuere viejo no se apartara de él».

Muchos males posteriores evitaríamos si dedicamos tiempo para la instrucción a nuestros hijos. El espíritu del anticristo que está en el mundo, no va a ceder en la pretensión de influir sobre ellos.

A propósito de ello, recuerdo una noche, cuando nuestro hijo menor, Pablito, se acercó a mí, para informarme que amigos de la escuela le invitaron a ir a uno de los clubes nocturnos de la ciudad, para bailar.

Él me pregunta, ¿cuál sería el inconveniente de ir? En realidad no había necesidad de esa pregunta, pues él estaba instruido, sin embargo, ante las pretensiones del diablo, volví a informarle sobre todos los inconvenientes que habría de encontrar. Primero, el tipo de música, segundo, el ambiente, tercero, las tentaciones sexuales y por último, el consumo de alcohol y drogas.

Creo que fueron razones suficientes, para que él mismo determinara no asistir a ese lugar.

No obstante, después de un tiempo, él confesó que varias veces había frecuentado esos lugares. Pero lo importante es que las instrucciones anteriores, fueron semillas que sembramos en su corazón. Después él pudo escapar y arreglar sus cuentas con Cristo, que le esperaba con los brazos abiertos.

Otra de las consecuencias del consumo de la música que tiene que ver con los subliminales y mensajes destructores, es que también tiene influencias satánicas. Como dijimos anteriormente, a veces los cantantes y artistas hacen pactos con el diablo. Esos pactos y prácticas ocultistas son transmitidos a través de la música, entonces se producen ataduras espirituales, de las cuales a veces son influencias demoníacas y otras veces, posesiones demoníacas. Por esta razón, a veces, vemos a jóvenes y adultos que viven angustiados y deprimidos, como también muchos terminan suicidándose.

En contrapartida a toda influencia y obra destructora del espíritu del anticristo, sabemos que: «Jesús, vino para dar vida, para restaurar y para fortalecer, especialmente a la juventud». Entre los elementos que utiliza, sin lugar a dudas, es la música.

Dios ama la buena música, como ama el universo, que está lleno de su gloria.

El Salmo 122 dice: Que Dios habita en medio las alabanzas. Una prueba de ello son los antiguos poemas bíblicos, que siempre han tenido vigencia. En la actualidad, nos gozamos con música de diferentes géneros, y son muchos los que están dando de sus dones para crear y ejecutar música que adora, restaura y fortifica la fe.

Muchas veces, en nuestras cruzadas, he visto como Dios opera sanado y libertando a las personas cuando estamos alabándole y adorándole.

A veces, algunos pastores me aconsejaron que debía ministrar en la alabanza. Yo no lo veía posible ni necesario, sin embargo, un día, antes de comenzar una cruzada en Río de Janeiro, Dios me habló al respecto. En obediencia, comencé a hacerlo, el primer día de la misma. Aquello fue glorioso, pude ver realmente que Dios habita en medio de la alabanza.

Su presencia y su obrar hicieron que personas con cáncer, hepatitis, epilepsia y otras enfermedades desaparecieran. Muchos demonios comenzaron a gritar, pues no podían soportar las alabanzas.

Debemos pedir al Señor que continúe en aumento el avivamiento musical y que se levanten muchos ministros de adoración para proclamar el evangelio de Jesucristo por ese medio.

Quiero que los jóvenes y adultos que consumen música mundana, especialmente, aquella que induce a pecar, renuncien a ello y comiencen a consumir la música inspirada por el Espíritu Santo, pues será bien provechosa para el resto de la vida.

EL ESPÍRITU DEL ANTICRISTO Y LOS VICIOS

Cuando hablamos de vicios, como los que venimos mencionando, no nos cabe duda que nos referimos a todo aquello que nos daña. Ahora, debemos tener en cuenta que algo se transforma en un vicio cuando se hace en una forma persistente y adictiva.

Aun la medicina, que muchas veces se consume por prescripción médica, cuando lo hacemos con persistencia, en realidad lo que hace es hacernos adictos a esa medicina.

También, generalmente, cuando hablamos de vicios nos limitamos a los que son conocidos comúnmente visibles, como el tabaco, el alcohol, las drogas (estupefacientes) o los juegos de azar, que tiene atado a millones de personas, que gastan el dinero del fruto del esfuerzo, esperando una salvación económica.

Sin embargo, si profundizamos en el significado de la palabra «vicio», nos llevaremos una sorpresa y quedamos estupefactos al descubrir que los que poseemos (o nos poseen a nosotros) son una cantidad importante, sin que hallamos reparado en ello.

En primer lugar, consideramos que un vicio es una práctica común de hechos y actitudes negativas, en la persona, de manera que llega a formar parte de su identidad.

Por ejemplo: en mi juventud, yo consumía cigarrillos. Muchas veces me preguntaron porqué lo hacía, y mi respuesta era que me calmaba los nervios. Aunque reconocía que ese vicio era contraproducente para mi cuerpo. Todos sabemos el daño que causa la nicotina y otros componentes del tabaco. Pero si analizamos la respuesta que yo daba, descubrimos que es más o menos la misma que dan todos los que consumen tabaco.

Cuando empecé a fumar, era un adolescente de quince anos. Mi padre sospechaba de esto. Un día, entré a fumar en un pequeño baño que teníamos en casa. Cuando abrí la puerta para salir de allí, parecía un día de neblina. Mi padre me estaba esperando pacientemente. Me preguntó que estaba haciendo y yo le respondí: mis necesidades. Entonces me hizo abrir la boca. Cuando olfateo el olor a tabaco, por primera vez experimenté la mano fuerte de mi padre sobre mi cara.

Creo que lo que más le dolió fue mi mentira.

Ahora me doy cuenta, que a esa edad, no tenía porque estar nervioso, a no ser por alguna travesura que haya cometido.

Descubrimos entonces, que si fumamos porque calma los nervios, estamos ante personas que sufren frecuentes alteraciones nerviosas. Entonces nos damos cuenta que se pretende cubrir un mal, con otro peor. Pues toda nerviosidad es el producto de una vida alterada, desordenada, descontrolada, desorientada y ansiosa.

Sin embargo, por mi propia experiencia, reconocí, que había comenzado a fumar porque quería demostrar que ya era un hombre, a lo que se le podría dar el nombre de ostentación o vanagloria. Después, se convirtió en un veneno que me producía cierto placer y finalmente, el día que me faltaba, entraba en un estado casi de desesperación.

Recuerdo que muchas veces me levantaba a medianoche y recorría el barrio buscando un quiosco para comprar tabaco. Sin duda hay muchos que se identifican conmigo, en aquellos momentos de mi juventud, pues lo mismo ocurre con el que se alcoholiza, se droga y juega.

Consumí tabaco durante quince años y nunca logré calmar mis nervios, mis palabras corrompidas, mis amarguras y mis ansiedades .

Una mañana, me arrodillé ante el Señor y le pedí que me ayudara a alejarme del tabaco. Doy gracias a Dios porque desde ese día no he probado un cigarrillo, aunque debo reiterar que su consumo no era sino una exteriorización de algunos aspectos de mi vida interior.

Los vicios también producen ataduras y pueden haber varias causas que lo hagan; frutos de sentimientos arraigados en nuestro ser natural, como la obstinación, la obsesión, la ambición desmedida, envidia, celos, codicia, etc.

Las ataduras pueden ser espirituales y físicas y los efectos pueden ser trágicos.

Tal como el tabaco, el alcohol y las drogas muestran diariamente, en la sociedad sus efectos destructores. En el caso de los estupefacientes producen graves deterioros físicos, síquicos y sentimentales en la relación con los demás y espirituales en la relación con Dios. Nos bastaría con recorrer los hospitales, cárceles y calles de grandes ciudades para darnos cuenta de sus efectos.

Lo comprobé, por ejemplo, en una visita a un hospital oncológico donde varias personas estaban en grave estado como consecuencia del consumo de tabaco, otras de drogas y alcoholes. Recuerdo a un paciente, entre ellos, que estaba esperando el turno para que le amputaran una pierna; la otra, ya se le había cortado meses antes.

En las instituciones siquiátricas, podemos encontrar miles de personas con sus mentes destruidas por el efecto del alcohol y las drogas, con su sangre y cerebro intoxicados. El sesenta por ciento de los certificados de defunción, en esos lugares, declaran que la muerte se debe al consumo excesivo de estupefacientes.

A principios del 2000, el mundo fue sacudido, cuando la noticia decía que Diego Armando Maradonna, casi pierde su vida, como consecuencia de una sobredosis. Su corazón, quedo prácticamente fulminado.

Este caso, como algunos otros nos llaman la atención y nos da pena, pero ¿cuántos miles de personas mueren trágicamente como consecuencia de estos vicios?

Sin embargo, existe otro cuarenta por ciento, que se reparte de la siguiente manera: un diez por ciento, de muerte natural, un quince por ciento por accidentes, y otro quince por deficiencias cardiacas, que en general son estimativas.

Sabemos que en el corazón de Dios, está el deseo de que el ser humano viva dignamente y tenga una larga vida en esta tierra, pero indudablemente, el espíritu del anticristo es quien influye para que las personas sean atraídas a las adicciones venenosas, que al principio, pareciera que producen placer, al final, los destruye.

Es alarmante ver la indignidad y perversidad a que conduce una vida viciosa. Hay muchos que roban y aun matan por conseguir recursos con los que mantener su adicción. Las familias son destuidas a causa de los vicios que dominan a sus miembros.

En una oportunidad, conocí a un hombre debido a una relación comercial. Tenía muy buena posición económica y una hermosa familia, pero también algunos vicios. Le gustaba los juegos de azar y frecuentaba los casinos, las ruletas y lugares donde se jugaba con los naipes.

También, mantenía relaciones amorosas con varias mujeres del ambiente artístico. Al cabo de quince anos, perdió toda su fortuna, estimada en quince millones de dólares, es decir, perdió a razón de un millón por año.

Su reputación se diluyó y quedó transformado en un ser despreciado y olvidado por sus amigos y seres queridos. Es lo que la Biblia los reconoce como: «Necio».

Atendí a ese hombre con mucha tristeza, pues realmente jamás hubiera pensado que lo llegaría a ver en esas condiciones. Tuve una plática con el donde le presente el evangelio de Jesucristo. Lo único que pudo decirme fue lo siguiente: «tengo una familia, no me interesa el dinero, aunque lo necesito para vivir, no me interesa la fama ni nada de lo que ella me dio, que lo único que quiero es Paz»

Créame que cuando una persona lleva una vida viciosa, de

lujuria y extravagancia e impiedad, termina clamando por la paz que nunca había conocido.

Para algunos, los vicios son una vía de escape. El que se alcoholiza dice que lo hace para escapar de las penas, sin embargo, cuando se va el efecto del alcohol, sus penas vuelven y son más grandes que las anteriores

El que se droga, dice que lo hace porque quiere volar y escapar de la realidad de este mundo, pero cuando se va el efecto de la misma, aterriza estrellándose otra vez en este malvado mundo.

El que juega y tiene otros vicios, dice que lo hace por placer, pero cuando se da cuenta que esos vicios le quitaron su sustento y felicidad, les embarga el temor, entonces claman por paz.

Para algunos, los vicios son una vía de escape y para otros son ataduras y prisiones de oscuridad. El final siempre es el mismo: la destrucción. El espíritu del anticristo utiliza estas armas para hacer estragos en la sociedad, pues es un arma muy poderosa.

Todo vicio tiene un contexto de pecado y es una trampa diseñada por una mente perversa, haciendo también, que se transforme en perverso el que lo practica.

Por razón de estas ataduras, el Apóstol Pablo lanza un grito de desesperación. En Efesios 4:17-23 que dice: «Así que les digo esto y les insisto en el Señor: no vivan más con pensamientos frívolos como los paganos. A causa de la ignorancia que los domina y por la dureza de su corazón, estos tienen oscurecido el entendimiento y están alejados de la vida que proviene de Dios. Han perdido toda vergüenza, se han entregado a la inmoralidad, y no se sacian de cometer toda clase de actos indecentes. No fue esta la enseñanza que ustedes recibieron acerca de Cristo, si de veras se les habló y enseñó de Jesús según la verdad que está en él. Con respecto a la vida que antes llevaban, se les enseñó que debían quitarse el ropaje de la vieja naturaleza, la cual está corrompida por los deseos engañosos; ser renovados en la actitud de su mente».

Aquí encontramos que hay un antes y un después. El antes, se refiere a la naturaleza pecaminosa del ser humano, donde frecuentan los vicios que acabamos de mencionar y otros que luego veremos. El después, es cuando esa vieja naturaleza, ante la llegada de Cristo en la persona se transforma en una nueva naturaleza, creada por el Espíritu Santo.

Sin embargo, quiero resaltar algunos detalles de este clamor, que traen una revelación para el tema que estamos tratando.

Primero menciona, que hay personas que tienen el entendimiento entenebrecido. Esto quiere decir, que toda persona que está atado por algún vicio, es porque su mente está cegada, no entienden, están confundidos.

Luego declara que como consecuencia se entrega a toda clase de desenfreno e impureza. No se detiene ante nada y esta guiado por una mente perversa y plagada de lujuria.

Finalmente, enseña, a través de Cristo, arrojar de nosotros la vieja naturaleza tan corrompida y tan llena de malos deseos engañosos.

Ahora bien, ¿quién es el engañador? ¿Quién pone en el ser humano los malos deseos? ¿Quién impulsa a los vicios y desenfrenos e impurezas y perversidades? ¿No es el espíritu del anticristo?

Los deseos nacen en la mente. El hombre de naturaleza carnal vive engañado por ese espíritu engañador. Es como que se ha acostumbrado a vivir con los vicios y pecados, de tal manera que sin ellos pareciera que no le es posible vivir.

Proverbios 2:14 nos dice que tales personas se alegran haciendo el mal y que el vicio es algo perverso.

En Efesios 4 y 5 hay una serie de observaciones que vale la pena descubrirlas, pues también son consideradas vicios que muchos tenemos y no nos dimos cuenta.

Pablo, menciona la «lascivia», es decir, la vida lujuriosa, la impureza, la ira y el enojo, la gritería, las amarguras, la maledicencia y «toda inmundicia». En el cap. 5:3 nos habla de los vicios como: la fornicación, las palabras deshonestas o tontas (necedades), los negocios oscuros (truhanerías), la embriaguez, etc.

Tomemos el caso de la truhanería, lo cual se refiere al vicio que tiene algunos de hacer negocios sucios, de estafar, de robar o de vivir engañando a la gente. Quizá estos vicios no son perjudiciales para el físico, pero si hacen tanto daño en el alma y los sentimientos.

Hay personas que son adictas a estos vicios, si no mienten, ni engañan y si no hacen daño, no pueden vivir. Algunos lo hacen por placer y otros lo hacen porque les parece normal.

Hace varios años, conocí una mujer en Buenos Aires que tenía el vicio de tomar lo que no le pertenecía. Siempre que iba al mercado o tienda o alguna casa, tenía que robar algo. Era como que eso le hacía feliz. A estas personas se las llama cleptómanas.

En el cap. 5: 11 dice que esas obras son infructuosas y que pertenecen a las tinieblas, entonces, bien lo podemos adjudicar al espíritu del anticristo.

Respecto a la manera de actuar del espíritu del anticristo, utilizando los vicios y pecados, paradójicamanete, encontramos una ejemplo de sus métodos y resultados en el libro de Apocalipsis. Refiriéndose a la manifestación del anticristo en el mundo, dice que durante «los primeros tres años y medio», habrá paz, tranquilidad y seguridad, pero cuando ese tiempo se cumpla, en los tres años y medio siguientes, todo se transformará y habrán persecuciones, muertes y estragos de todo tipo.

Es la misma forma de actuar el espíritu del anticristo. Al principio, los viciosos y pecadores sienten paz y confort, un placer especial, pero luego sus vidas se transforman en una cautividad que es un verdadero infierno. Son muchos los que luego se dan cuenta que han vivido engañados y ciegos, como si hubieran estado en un profundo sueño, y cuando les amanece la luz se dan cuenta que han fracasado.

Por esto el clamor del apóstol Pablo termina con este llamado: «Despiértate, tú que duermes, levántate de entre los muertos, y te alumbrará Cristo»

Es solamente el clamor de que nos despojemos de la vieja naturaleza que está viciada con sus hechos, para revestirnos de la nueva, creada según la voluntad de Dios, con la justicia y la santidad de la verdad.

Aprendamos del ejemplo de Cristo y no demos lugar al espíritu del anticristo, sino que vivamos resistiéndole en el nombre de Jesús.

CAPÍTULO 5

El ESPÍRITU DEL ANTICRISTO Y LOS PODERES SOCIALES

Hasta aquí hemos visto cómo el espíritu del anticristo dirige sus armas contra la vida íntima del ser humano y la familia.

Sin embargo, ahora vamos a descubrir cómo influye en el mundo, mas allá de la acción que ejerce sobre los individuos. Resulta claro pensar que, si alguna persona se ha dejado manejar por él y llega a un puesto de poder, tendrá la capacidad, consciente o inconsciente, de dar lugar a que ese espíritu ejerza su acción sobre toda una sociedad o una nación.

Al respecto, notamos que hay una acción maligna, que va más allá de los individuos, pues el mundo entero parece estar poseído o controlado por él.

Es bueno recordar la nave de la cual hablamos al principio, la cual pedí no perder de vista. Cuando hablé de ella, me refería al mundo en el cual vivimos.

Dijimos que vivimos como en una nave que aparentemente no tiene control, sin embargo, alguien maneja los controles, a pesar de la presencia del Creador de la nave, Dios, quien a su tiempo juzgará y tomará el control para siempre, mientras tanto, desde su área invisible, el espíritu el anticristo influye sobre aquellos que están en altura.

Cuando hablamos de control, indudablemente, estamos refiriéndonos a poderes que se ejercen desde los sitios de mayor jerarquía, que tienen la capacidad de dominar, de dirigir y controlar. La Biblia revela que estos poderes pertenecen al orden espiritual y que tiene rangos.

Leemos en Efesios 6:12: «Nuestra lucha no es contra seres de carne y hueso, sino contra seres incorpóreos – malignos, soberanos del mundo invisible, poderosos seres satánicos y príncipes de las tinieblas que gobiernan este mundo – y contra perversas huestes espirituales en el mundo espiritual». (paráfrasis del autor).

Ahora bien, esta revelación de Pablo, nos enseña que a pesar de vivir en este mundo terrenal, tenemos verdaderos conflictos espirituales con seres celestiales.

En Mateo 16:19 dice: «Todo lo que ates en la tierra quedará atado en el cielo, y todo lo que desates en la tierra quedará desatado en el cielo». Es decir, que todo lo material y físico tiene trascendencia a lo espiritual, y podríamos llegar a pensar, ¿qué tiene que ver la vida terrenal y corpórea con lo que sucede en el orden celestial e invisible?

En realidad, todo tiene que ver, pues la misma Biblia nos enseña que lo que se desata en la tierra se desata en el cielo. Esta palabra nos confirma que el reino celestial tiene «trascendencia» en el reino terrenal y viceversa.

Es decir, todo lo que acontece en el mundo terrenal tiene influencia del mundo espiritual.

Entonces, podemos afirmar que existen poderes espirituales que influyen y que sus operaciones trascienden al mundo material. Esta influencia es la que siempre ha tenido que ver con los acontecimientos en las diferentes parte en el mundo.

El espíritu del anticristo, como dijimos al principio, tiene estrategias, planes, armas y propósitos, para llevar a cabo sus planes, cuenta con armas que ya hemos tratado anteriormente. Sin embargo, tengamos en cuenta que tiene una visión mundial.

EL ESPÍRITU DEL ANTICRISTO Y LA POLÍTICA MUNDIAL

Sabemos que en todas las épocas han existido gobernantes perversos y corrompidos, y que la maldad se ha enseñoreado de los que están en eminencia, el siglo veinte que ha terminado, también nos ha mostrado que han habido regímenes y poderes con ideologías que fueron sumamente perversas. También es muy frecuente, que los gobernantes, que deberían velar por el bienestar del pueblo, sean ellos mismos los que apelan a medios de corrupción y destrucción.

Hemos visto levantarse y llegar al borde de dominar al mundo a personas como Hitler, Musolini, Lenin y Stalin. Los antiguos imperialistas romanos y persas y sus gobiernos negaron la presencia de Dios, y al hacerle a un lado, no tuvieron piedad y llegaron a destruir a millones de vida.

Cada uno de ellos había creado una ideología que justificaba sus acciones y las fuerzas del mal pudieron actuar impunemente.

Junto a esas ideologías, se asociaron otros poderes, como en el caso de Hitler, que para llevar a cabo su macabro plan, se apoyó en la Iglesia Católica, la cual aprovechó para destruir a los que ellos consideraban enemigos de la «Iglesia».

Actualmente, el cuadro no ha cambiado, quizá cambiaron los medios, pero como dijimos al principio, el propósito es el mismo. Tanto los gobiernos dictatoriales como los democráticos, muchas veces exhiben cuadros del obrar del espíritu del anticristo.

«Los despachos gubernamentales están cargados de corrupción e inmoralidad social. Despojan a los más pobres, traicionan, cometen crímenes, tienen tráfico de armamentos y narcóticos, hacen negocios turbulentos, malversación de fondos, etc. Buscan muchas veces la guía de adivinos, magos, hechiceros y brujos, que con sus encantos pretenden influir sobre los pueblos a través de sus gobiernos».

Actualmente, los mayores sufrimientos de la humanidad provienen de la opresión que los poderosos ejercen sobre los desposeídos. En los últimos tiempos vemos conflictos que sacuden a pueblos enteros que sufren desengaños y fraudes, porque los gobiernan mafiosos y dictadores que subsisten o que surgen de golpes que derrocan a los gobiernos legítimos. La situación se torna muy oscura cuando recibimos noticias de África, Asia, Centro y Suramérica, Medio Oriente, donde se producen indescriptibles guerras civiles y étnicas, persecuciones raciales, miseria y muerte. En los países islámicos, donde por ejemplo, cubriéndose detrás de una mascara religiosa, que suele denominarse fundamentalismo o integrismo, se cometen toda clase de abusos.

Algunos se preguntan: ¿Dónde está Dios en todo este cuadro? ¿Qué hace para impedirlo? Quizá es muy difícil responder a estas interrogantes. Sin embargo, podemos afirmar, como dice en 2 Crónicas 16:9: «El Señor recorre con su mirada toda la tierra».

Por otra parte, la Biblia nos revela, que Jesucristo, vino para deshacer las obras del diablo y para traer salvación al hombre. El problema es que la tendencia del ser humano es alejarse de Dios, rechazar la propuesta cristiana y vivir y actuar según los designios de su corazón.

El hombre prefiere la influencia del espíritu del anticristo, antes que la del Espíritu Santo.

También la Biblia nos enseña en Romanos 13:1: «Todos deben someterse a las autoridades públicas, pues no hay autoridad que Dios no haya dispuesto, así que las que existen fueron establecidas por él».

Aparentemente, este pasaje puede crearnos confusión, puesto que si los gobiernos son puestos por Dios, entonces, ¿por qué ha puesto hombres perversos, engañadores y opresores para dirigir determinados países?

Existe la respuesta: En primer lugar debemos tener en cuenta que todos los hombres somos pecadores y como dice Jesús, en Mateo 15:19: «Porque del corazón salen los malos pensamientos». Dios crea al hombre para vivir en el mundo y su plan era, que el mismo gobernara, en especial en el área espiritual, pero los hechos ocurrieron de una manera totalmente distinta. La propuesta de Dios fue un gobierno basado en la justicia, el amor y la libertad. Pero, lamentablemente, ese deseo no pudo ser satisfecho en su plenitud, porque el ser humano prefirió el engaño desde el principio, así como el dolor y sufrimiento ajeno. Por lo tanto, no es posible que Dios ponga gobiernos y autoridades para gobernar y satisfacer los deseos de los pueblos, porque todo hombre ya es imperfecto en sí mismo.

Ahora, debemos entender, que Dios pone y quita gobiernos donde tiene que cumplir sus propósitos, pero no olvidemos, que en el principio de la creación, Dios le había dado el gobierno y la autoridad al ser humano, pero por causa de la desobediencia y del pecado, el mismo hombre fue quien engañado por el diablo, resignó sus derechos a él.

La palabra resignar significa: entregar lo que nos pertenece por derecho, a nuestro enemigo.

A veces, los propósitos de Dios son difíciles de entender. Noten que aun con el mismo pueblo de Israel, después de haber abandonado su lealtad al Señor, de haber cambiado su soberanía por los ídolos, así como de numerosas advertencias de los profetas, Dios tuvo que levantar al rey Nabucodonosor, para cumplir con el castigo y corrección por el pecado de su pueblo. Esto no quiere decir, por supuesto, que se trataba de un gobernante perfecto y que amaba a Dios, porque realmente, era todo lo contrario, sino que llevó a cabo sus acciones sin tener conciencia de que estaba siendo instrumento de Dios. Aunque la Biblia nos deja ver, por ejemplo en el libro de Daniel y en Jeremías 25 al 29, que el Señor encontró aptitudes provechosas para llevar a cabo sus planes. Al final, el mismo Nabucodonosor terminó reconociendo la soberanía de Dios y le glorifico públicamente.

Otra historia es la de un pueblo que nunca había recibido la visita de un predicador. Cuando Jonás fue enviado por Dios a Nínive, tuvo miedo porque era el pueblo más perverso y cruel en ese momento sobre la tierra.

Al entrar en la ciudad su único mensaje era que, si no se arrepentían en cuarenta días la ciudad seria destruida. El resultado fue maravilloso. Comenzando desde el rey, todo el pueblo se arrepintió y confesaron sus pecados, se convirtieron a Dios, y este bendijo la ciudad.

Desde sus comienzos la historia en el mundo se repite, nos muestra los mismos problemas. Los mismos sucesos ocurren en todos los pueblos y naciones. Las mismas circunstancias traen los mismos resultados.

Descubrimos, que en el mundo antiguo, existía una soberanía espiritual, donde a veces los gobiernos llegaban a reconocer y honrar a Dios, pero en el mundo actual, después de Jesucristo, como leímos al principio, la obra contraria a la de Cristo, está en marcha. El espíritu del anticristo, si bien no gobierna directamente, influye sobre los gobiernos, y como sabe que le queda poco tiempo, ahora más que nunca está presionando más fuertemente. Por eso vemos que la maldad va en aumento, el egoísmo es creciente, los pecados más perversos son mas frecuentes y se extienden a muchas partes del mundo.

Aun, en los países que se dicen ser cristianos y se comprometen a servir «con lealtad» a Dios y al pueblo, inclusive jurando con su mano sobre un ejemplar de las Escrituras, más tarde parecen olvidar esas promesas solemnes.

Todo esto es porque hay un intento desesperado de destruir totalmente la creación de Dios. Sin embargo, tenemos una buena noticia: *«Pronto vendrá el día en que el Rey de reyes y Señor de señores vendrá para gobernar sobre todas las naciones y demostrará cómo es posible hacerlo sin engañar, sin defraudar, sin mentir, sin robar, sin matar y sin provocar sufrimiento»* (véase Apocalipsis 20:1-4).

Mientras tanto, aunque las autoridades humanas sean puestas por Dios, son imperfectas, ya que rara vez se sujetan a los principios de Cristo.

Sin duda, el espíritu que maneja todo esto es el del anticristo.

Su influencia es visible sobre los gobiernos.

El mismo Cristo, nos advirtió que él es el príncipe de este mundo.

Si analizamos un poco la historia de las distintas naciones, vemos que actúa de diferentes formas, según el caso. Por ejemplo, en algunas naciones se percibe el espíritu de violencia, en otras de idolatría, en otras de fornicación y homosexualismo, mientras que en otras donde estos han prosperado se percibe el espíritu de vanidad y el de hechicería.

Hemos nombrado ejemplos claros de gobernantes que han sido influidos por ese espíritu, pero que no se quedan en ellos, sino que trasciende al pueblo. Tal es el caso de Nabucodonosor, Hitler, los Césares y por último quiero referirme a Nerón, quien incorporó un espíritu sumamente dramático.

Estaba terriblemente influido por un espíritu de odio y muerte que surgía de su vanidad, y llegó hasta el extremo de asesinar a su propia madre.

Amén de sus muchos crímenes, fue el primer emperador que persiguió salvajemente a los cristianos. Sin embargo, debemos resaltar, que, a pesar de la aparente derrota de los cristianos, ante cada ataque, azote y muerte, crecía la fe de quienes eran llevados a la arena del Coliseo y el número de los discípulos aumentaba bajo «la influencia y protección del Espíritu Santo».

En estos últimos tiempos, como verdadero agente del espíritu del anticristo, vimos el fracaso del comunismo que se propuso destruir el cristianismo. Durante sesenta años hizo lo posible para eliminar las iglesias, pero llegó el estrepitoso derrumbe, y hoy vemos a millones que están volviendo a los brazos de nuestro Señor y Salvador Jesucristo. Nos duele los millones de mártires que cobró el espíritu del anticristo, pero alabamos a Dios por su derrota final.

Quiero contarles una experiencia de un siervo de Dios en aquellas regiones. Se llamaba Jhan Marc, vivía en Armenia, país que estuvo varios años bajo el yugo del comunismo; pero, por no renunciar a su fe, Jhan fue arrancado de su hogar, su esposa e hijos y fue enviado a las barracas de Siberia, para ser torturado. Así fue destruida su familia, pero nunca perdió su fe, hasta que al fin logró exiliarse en los Estados Unidos, de modo que por muchos años no pudo ver a su familia.

Actualmente, en los Estados unidos, un país que fue fundado por peregrinos que querían defender su derecho de adorar a Dios y donde casi toda la vida diaria tenía algo de espiritual, vemos que de las esferas oficiales, el espíritu del anticristo está influenciado sobre las autoridades estatales, de donde salen leyes que limitan la difusión del evangelio. La peor decisión de un gobierno es la de tratar de impedir la enseñanza de la Palabra de Dios.

Cuando un gobierno apóstata de la fe en Cristo, y trata de persuadir a la población y alejarla del conocimiento del Todopoderoso, tarde o temprano soportará las consecuencias y sobrevendrá la corrupción, la inseguridad, la confusión, el temor, la desconfianza y la perversión.

Es necesario predicarle a los que gobiernan. Como nos enseña la Biblia, debemos orar por ellos y honrarle, es decir, respetarles. En Éxodo 22:28 dice: «No blasfemes nunca contra Dios, ni maldigas al jefe de tu pueblo». Esas palabras de Dios nos sacuden hasta lo más íntimo. ¿Cómo puedo orar y honrar a un gobierno injusto, hipócrita e infame? En realidad no cabe preguntarse si podemos, pues es una orden de Dios.

Alguno podría argumentar que era una ley para el mundo antiguo, pero la encontramos reiterada después de Cristo. En l de Pedro, uno de los apóstoles, en el capítulo 2:17 nos enseña lo siguiente: «Den a todos el debido respeto: amen a los hermanos, teman a Dios, respeten al rey».

Todo esto parece contradictorio, pues después del análisis que hicimos, de donde sacamos un poco a la luz, cómo el espíritu del anticristo influye en los gobiernos, donde muchos de ellos llegan a cometer atrocidades, ahora se nos pide que oremos y les honremos.

La realidad es que la lucha no es contra ellos, sino contra el espíritu que opera sobre ellos, entonces, el arma más poderosa para vencer y con la posibilidad de que Dios haga milagros, cambiando la vida de esos hombres y los pueblos es: «La oración y la honra».

Con la honra, estamos obedeciendo a Dios y con la oración estamos haciendo guerra espiritual, para alejar al espíritu del anticristo.

Dios quiere que cambiemos la critica maliciosa, la ofensa secreta y la maldición a los que nos gobiernan, por la honra, el sometimiento y el respeto.

A Pedro se le ve en sus comienzos, como un rebelde a las autoridades, así fue como la noche que Jesús fue entregado, que cortó la oreja a uno de los soldados. Pero luego, Jesús se la colocó en su lugar. Después, vemos al mismo Pedro exhortando y ordenando por inspiración del Espíritu Santo, estas palabras: «Sométanse por causa del Señor a toda autoridad humana, ya sea el rey como suprema autoridad o a los gobernadores que él envía para castigar a los que hacen el mal y reconocer a los que hacen el bien. Porque ésta es la voluntad de Dios: que, practicando el bien, hagan callar la ignorancia de los insensatos. Eso es actuar como personas libres que no se valen de su libertad para disimular la maldad, sino que viven como siervos de Dios». 1 Pedro 2:13-16.

La razón que se nos da para esta obediencia a los gobernantes es la más importante: «Por causa del Señor». Lo que puede entenderse como una forma de dar testimonio de su mensaje.

A lo largo de este capítulo se nos habla de la conducta del cristiano y culmina con el ejemplo de Jesús, que cuando le maldecían, no respondió con maldición; cuando padecía no amenazaba, sino recomendaba la causa al que juzgaba rectamente; quien llevó nuestros pecados en su propio cuerpo sobre el madero, para que nosotros estando muertos a los pecados, vivamos a la justicia, y por cuya herida fuimos sanados. Porque éramos como ovejas descarriadas, pero ahora habéis vuelto al pastor y obispo de vuestras almas (paráfrasis del autor).

El autor de estas líneas, si bien escribió por inspiración divina, imitó a Cristo dando muestras de que es posible vivir aquello que exhorta. Tuvo que soportar injusticias, calumnias, azotes y aun la muerte de cruz, según se nos dice. Encontramos actitudes similares en los demás apóstoles, como Juan, Santiago, Pablo, etc., que nos hablan de tener paciencia, de aprender a soportar, de hacer el bien y finalmente de orar por los que están en eminencia, para que tengamos paz, en la ciudad, en la nación y en todo lugar.

Los que son influidos por el espíritu del anticristo tienen las mismas necesidades espirituales que los demás seres humanos. Cristo dio su vida también por ellos, como por los demás pecadores y nos ha recomendado que, si fuere necesario, nosotros diéramos nuestra vida por ellos.

Necesitan que algún Juan (el bautista) les presente el mensaje, que algún Elías los desafíe. Necesitan conocer el futuro, pero no por medio de adivinos, o cualquier falsa religión, como muchos de ellos lo hacen en sus propios despachos, sino por medio de las sagradas escrituras que muestra cuál es el lugar que Dios quiere que ocupe cada uno, dejando de estar sometidos a ese espíritu, para ser guiados por el Espíritu de Dios.

El ESPÍRITU DEL ANTICRISTO Y LA JUSTICIA

Una de las ramas básicas del poder es la justicia. Cuando es bien ejercida, engendra confianza, pero cuando lo es de mala manera produce corrupción.

Por otra parte, la justicia, siempre es delegada por algún poder superior. Si aquel que la delega es justo, casi seguro que la misma será bien ejercida, pero, si es injusto entonces corre el riesgo de que sea mala.

Sin embargo, los mismos presidentes o máximas autoridades están sometidos a ella.

Muchas veces se ha visto, a los que han sido responsables de sus actitudes malas y sospechosas en sus funciones gubernamentales cómo han sido llevados ante la justicia para que respondan sobre sus acciones.

Por otra parte sabemos que no puede aplicarse la justicia si no hay leyes. Por ejemplo, si alguno de nosotros va conduciendo un automóvil y cruza un semáforo en rojo, la ley dice que es un delito o una infracción, entonces, nos ponen una multa, nos llevan al tribunal de faltas o a la corte para comparecer ante el juez. Si no existiera una ley o reglamentación al respecto, no podría ser juzgado, porque no habría nada que pudiera haber sido transgredido.

La justicia es la que ordena, clarifica, condena o absuelve. Por eso debe ser transparente, y verdadera. Sin embargo, encontramos que muchas veces la justicia es opaca, confusa y mentirosa, por lo tanto es injusta.

Muchas veces podemos ver escándalos políticos, porque la justicia ha sido justa, juzgando los hechos con veracidad y honestidad, como es debido, pero otras veces encubre los hechos. Sin embargo, la tendencia del ser humano es la desobediencia, más que someterse a la ley.

De modo que si alguno se opone o evade la ley, en realidad, muchas veces se opone a Dios.

Algunos que no se quieren someter cuando cometen algún delito, huyen. También están los que por conveniencia o ventajas materiales, cuando pasan por la justicia, lo hacen con la mentira y la evasión aplicando el cohecho o el soborno. Muchas veces se hace un simulacro y el dinero corre por debajo de las mesas de los jueces. También hay quienes están dispuestos a ser falsos testigos, por un plato de lentejas y un vaso de vino.

Por todo eso, vemos tantos fraudes comerciales, escándalos públicos y políticos. La expansión del comercio ilegal de armas y de narcóticos, donde muchas veces hasta las mismas autoridades están envueltas en el enriquecimiento ilícito, y hacen que la justicia muchas veces permanezca impune. Sin embargo, es un delito mayor, cuando todas estas causas son indebidas y se llega a condenar a inocentes que no tienen nada que ver, ni imaginaron que alguna vez estarían envueltos.

Conozco un hermano de una iglesia de Miami, donde sin darse cuenta lo envolvieron en un caso de narcóticos. «Un conocido suyo le pidió que le llevará su automóvil, como un favor, de un lugar a otro. En el camino, la policía lo interceptó. El amigo tuvo la posibilidad de testificar a favor de la verdad, sin embargo, sin tomar en cuenta el daño que le estaba causando a él, a su esposa y a su niño, dijo todo lo contrario».

Otra de las injusticias, donde el espíritu del anticristo influye, es en la sociedad de trabajo. En estos años he visto con claridad, la injusticia y la opresión de los ricos sobre los pobres, cuando personas inescrupulosas no tienen en cuenta la necesidad de sus empleados y después de arduas semanas de trabajo no reciben sus salarios con el que tienen que alimentar a su familia. Los reclamos en este sentido son cada vez más frecuentes en muchos países del mundo. Muchas veces se producen despidos de empresas dejando en la calle a miles de trabajadores, incluso debiendo los salarios. Esto acontece, tanto con empresas estatales como privadas.

El apóstol Santiago tiene una respuesta a esta injusticia. En el capítulo 5:1-4 dice lo siguiente: «Ahora escuchen, ustedes los ricos: ¡lloren a gritos por las calamidades que se les vienen encima! Se ha podrido su riqueza, y sus ropas están comidas por la polilla. Se ha oxidado su oro y su plata. Ese óxido dará testimonio contra ustedes y consumirá como fuero sus cuerpos. Han amontonado riquezas, ¡y eso que estamos en los últimos tiempos! Oigan cómo clama contra ustedes el salario no pagado a los obreros que les trabajaron sus campos. El clamor de esos trabajadores ha llegado a oídos del Señor Todopoderoso».

Quizá, parezca que estamos diciendo palabras demasiadas fuertes, pero tenemos el ejemplo del mismo Señor Jesucristo. Su juicio, fue una parodia. En ese juicio, encontramos la hipocresía de los escribas y fariseos, la intriga de los gobernantes, la traición de Judas el entregador, así como no faltaron los falsos testigos, los que gritaron:

¡Crucifícale!, entre ellos había muchos que habían sido sanados y libertados por el acusado.

Dios, desde su trono, reclama justicia, pero desde la antigüedad, el hombre prefirió lo contrario. En Eclesiastés 3:16 dice: «He visto algo más en esta vida: maldad donde se dictan las sentencias, y maldad donde se imparte la justicia». Pensé entonces: «Al justo y al malvado los juzgará Dios, pues hay un tiempo para toda obra y un lugar para toda acción.»

Luego continúa diciendo: «Si en alguna provincia vez que se oprime al pobre, y que a la gente se le niega un juicio justo, no te asombres de tales cosas; porque a un alto oficial lo vigila otro más alto, y por encima de ellos hay otros altos oficiales.

Todo esto parece ser muy negativo, y ciertamente lo es, pero es una realidad.

Dios es el padre de toda justicia; cuando creó al hombre y a la mujer, ya estaba sentando las bases para una sociedad justa, verdadera y transparente, declarando en Génesis 1:31: «Dios miró todo lo que había hecho, y consideró que era muy bueno». Más adelante,

Dios le da este mandato: «Puedes comer de todos los árboles del jardín, pero del árbol del conocimiento del bien y del mal no deberás comer. El día que de él comas, ciertamente morirás».

Lo primero que notamos, es que todo lo que Dios había creado era muy bueno, inclusive el hombre, es decir, que cumplía el propósito que todo fuera muy bueno en gran manera, por eso les dio la ley que acabamos de citar.

Pero, en aquel momento, al ver toda la creación, especialmente al ser humano que había sido creado en gran manera era bueno, apareció en escena aquel que vino a arruinar la obra de Dios.

En Génesis 3:1, se nos cuenta que la serpiente era astuta, más que todos los animales del campo. Luego en los versos siguientes nos muestra como persuadió a Eva, creándole confusión, despertando la codicia en ella y desacreditando lo que Dios había dicho, negando que no habría pena por la desobediencia. Todos conocemos las consecuencias.

Dios había puesto leyes, porque tenía el propósito de crear una sociedad que fuera justa, adecuada a sus mandatos. Si hubiera sido así, no habría habido problemas y seguiría existiendo el paraíso que se menciona en esos pasajes. Pero apareció el primer injusto, el que ya había transgredido las leyes de Dios en los cielos. El ángel caído. Notamos como ya en aquella época, siendo espíritu utilizo a la serpiente para llevar a cabo su propósito.

Luego, el mismo espíritu reinó en los inmediatos hijos de Adán y Eva, donde Caín, por celos y envidia, mató a su hermano Abel.

Al pasar los años y las sociedades ir creciendo, también aumentó la injusticia, a tal punto, que por haber sido tanta la maldad, Dios se arrepintió de haber creado al hombre (Génesis 6:6).

Ese mismo espíritu que obró en aquella época, aunque con otro nombre, para alejar a los hombres, de la justicia de Dios, es el mismo que ahora opera sobre las naciones tratando de que reine la injusticia y la maldad. Sus métodos son los mismos: la astucia, la confusión, la mentira, el soborno, falsos testimonios y crímenes diversos.

A medida que crece la humanidad crece la perversidad y la injusticia. Podemos acreditar que el espíritu del anticristo es el padre de esta injusticia. Él es quien influye en los corredores de las cortes y en los despachos de muchos jueces, incluso de la fuerza pública como la policía y las fuerzas militares.

Muchas veces los que ejercen justicia se ven obligados a falsearla. He conocido abogados que venden la verdad por un poco de dinero. Otros compran expedientes y los queman. Nadie ignora los movimientos de la mafia en Rusia, Italia, Suramérica, Estados Unidos, etc., con un poder que es capaz de hacer subir y bajar los gobiernos.

Sin embargo, no solamente el espíritu del anticristo influye en la justicia política, civil y penal de los pueblos, sino también lo podemos ver actuar cuando las riquezas están mal distribuidas, y un pequeño porcentaje de la población mundial maneja los poderes económicos del mundo, y una gran mayoría vive en la pobreza, por falta de recursos y de misericordia.

Hasta la fecha, por la predicación del evangelio, tuve la oportunidad de visitar varios países. En algunos pude ver la influencia de este espíritu, como lo dijimos anteriormente, de diferentes maneras, pero lo que más me llama la atención es ver la indiferencia y egoísmo de muchos, que viendo la necesidad ajena, cierran los ojos y oídos al clamor de ellos.

Pero no debemos desesperarnos. Aquél que siempre es y será justo, el que dio a la humanidad los Diez Mandamientos por medio de Moisés, ha marcado la base de toda ley, y un día juzgará todas las cosas, sentado en el gran trono blanco que describe en Apocalipsis capítulo 20:11-15: «Luego vi un gran trono blanco y a alguien que estaba sentado en él. De su presencia huyeron la tierra y el cielo, sin dejar rastro alguno. Vi también a los muertos, grandes y pequeños, de pie delante del trono. Se abrieron unos libros, y luego otro, que es el libro de la vida. Los muertos fueron juzgados según lo que habían hecho, conforme a lo que estaba escrito en los libros. El mar devolvió sus muertos; la muerte y el infierno devolvieron los suyos; y cada uno fue juzgado según lo que había hecho. La muerte y el infierno fueron arrojados al lago de fuego. Este lago de fuego es la muerte segunda. Aquel cuyo nombre no estaba escrito en el libro de la vida era arrojado al lago de fuego».

Entonces cada uno será juzgado según sus obras.

Quien quiera perseverar en sus transgresiones debe saber que Dios levanta un trono de justicia en la tierra. Es la cruz de su hijo Jesucristo, quien fue el cordero expiatorio que pagó nuestras transgresiones y cargó nuestras culpas. Él vino a restaurar lo que fue arruinado por satanás, y hoy, por el espíritu del anticristo, por eso dice Jesús: «Más bien, busquen primeramente el reino de Dios y su justicia, y todas estas cosas les serán añadidas» (Mateo 6:33).

Algo que el ser humano debe tener muy claro es que Dios no hace acepción de personas. El que hace injusticia recibirá la injusticia que haya hecho, esto es el castigo por sus obras. Tenemos un ejemplo claro con el rey David, cuando cayó en adulterio. A pesar de ser ungido por Dios, aún habiéndose arrepentido, sufrió el castigo por ese acto de injusticia. Él había hecho matar al marido de la adúltera, el castigo fue la muerte de su hijo.

Créame que Dios no pasará por alto ningún acto de injusticia, aunque nos duela, y nos arrepintamos, él no se puede contradecir, siempre se debe pagar el precio del error, y siempre costará caro.

Recuerdo, una vez que volvíamos de Paraguay y habíamos comprado una máquina de escribir y algunos casetes para grabar programas y cuando llegamos a la aduana, tratamos de esconder lo que habíamos comprado, pues era una trasgresión. Cuando fuimos investigados, dijimos que éramos un equipo evangelístico. Cuando dije eso, sentí un dolor fuerte en mi pecho. El dolor fue porque me di cuenta que estaba deshonrando a mi Señor. Dios me perdonó, pero perdimos lo que habíamos comprado, pues fue incautado y, además, tuvimos que pagar una buena penalidad.

Algunos pensarán que Dios es injusto, pero debemos recordar que su justicia es inamovible y que él quiere que se haga su justicia, no la del espíritu del anticristo. Toda injusticia será condenada.

Dios se apiada del pecador, pero no del pecado. Perdona al que se arrepiente, pero no al perverso que llega a la muerte con su injusticia sobre sus hombros. Hay algunos que suponen que más tarde tendrán tiempo de redimir sus injusticias o que cuando lleguen al juicio final verán cómo van a negociar con el Señor. Esto carece de sentido, Cristo, derramó su sangre y levantó el trono de juicio aquí en la tierra para que cada uno sea justificado.

Ser justificado, significa ser declarado justo por Dios; ciertamente, él sabe que no lo somos, pero nos mira a través de Cristo y nos ve como que compartiéramos la cruz de su Hijo.

Quizá usted en algún momento de su vida, ha vivido o practicado la injusticia. Quiero decirle que no tiene sentido rechazar esta gran posibilidad de arrepentirse y ser perdonado. Muchos de los sufrimientos y dolores en la vida, son como consecuencia de ella. El espíritu del anticristo, es quien influye en el mundo, haciéndole creer al ser humano, que muchos actos de injusticia, están justificados o son normales. Pero lo sensato, es averiguar lo que Dios piensa y lo que espera de todos aquellos que practican la injusticia.

Créame, que no existe ni oro ni plata en el mundo que le puedan dar la libertad y la paz en la conciencia, como el ser perdonados y justificados por Dios.

Hubo un hombre rico llamado Zaqueo, que se había enriquecido por muchas injusticias que había cometido en su pueblo. Cuando oyó que Jesús pasaba por allí, trató de verle. Jesús lo vio subido en un árbol y le dijo que era necesario que ese mismo día él posara en su casa.

Zaqueo muy contento, corrió y llevó a Jesús a su casa. Una vez allí, decidió devolver todo lo que había robado injustamente y Jesús le dijo: hoy ha llegado la salvación a esta casa (Lucas 19:9). Imagínese el peso que se quitó Zaqueo. Ahora era libre de pecado y justificado para entrar al reino de Dios.

La oración de los justos puede mucho. Es necesario que los hijos de Dios luchemos contra el espíritu del anticristo. La mejor manera de hacerlo es orar e insistir que se haga justicia.

Para esto la Biblia nos enseña Santiago 5:16: La oración del justo es poderosa y eficaz.

También Jesús nos dio un ejemplo de lo que vale la insistencia. «Un día Jesús refirió a sus discípulos el siguiente relato que ilustra la necesidad de orar con perseverancia y de orar hasta que la respuesta llegue: En cierta ciudad había un juez que se caracterizaba por dos cosas: no creía en Dios y despeciaba a todo el mundo. Pero había también una viuda que no se cansaba nunca de suplicarle que castigara a cierta persona que le había hecho daño. Al principio el juez no le hizo caso, pero la mujer insistía. Un día hastiado ya, el juez se dijo: aunque ni creo en Dios ni me importa nada la gente, esta mujer ya me tiene cansado. Para que me deje tranquilo le haré justicia. Y el Señor preguntó: Si aquel juez malvado se cansó e hizo aquello ¿No creen que Dios hará justicia a los hijos suyos que día y noche se lo suplican? Sí, ¡No se tardará en hacerlo! pero preguntó; ¿A cuántos hallaré perseverando con fe en la oración cuando yo regrese? (Lucas 18:1-8; paráfrasis del autor).

Indudablemente, debemos admitir que si los creyentes insistiéramos en la oración pidiendo a Dios que extienda su mano para quitar la injusticia y la maldad, ya lo hubiera hecho.

Los cristianos debemos tener en cuenta, que en esta lucha de poderes espirituales, contamos con uno mucho mayor, el poder del Espíritu Santo.

En Romanos 9:30 dice que la justicia se alcanza por la fe. Debemos orar con fe, creyendo que lo que le pedimos al Señor será hecho.

EL ESPÍRITU DEL ANTICRISTO Y LA EDUCACIÓN

Esta parte es de suma importancia, ya que la escuela siempre se ha considerado nuestro segundo hogar, donde asimilamos todo lo que luego aplicamos en nuestra vida. Sin embargo, la enseñanza que se imparte en la mayoría de estas escuelas, últimamente, está alejada de los principios morales y divinos.

No se trata de que la escuela reemplace al hogar y a la iglesia y se dedique a difundir, por ejemplo, el contenido de la Biblia, aunque esta contiene verdades universales y que benefician a aquellos que desean obedecerla.

No se puede pretender que lo hagan los maestros que generalmente son incrédulos o practican otras religiones, o los padres que no tienen ideas cristianas que no pueden ser obligados a que sus hijos sean educados bajo principios que ellos no comparten. En realidad, hay una función para la escuela y otra para la iglesia de Cristo, pero ambas deben complementarse, por lo menos para establecer pautas morales.

Sin embargo, está comprobado que lo que hoy en día se enseña en la mayoría de las escuelas, no es solamente matemática, historia, química, geografía y otras materias que son básicas y tradicionales, sino que ahora se han incorporado enseñanzas sicológicas, doctrinas sobre la independencia y libertades sexuales, y la teoría de la relación. La enseñanza sobre la evolución del ser humano, especialmente dejando a un lado lo que la Palabra de Dios enseña al respecto.

Es indudable que el espíritu del anticristo ha sabido influir en esta área, puesto que allí se prepara la mente y se equipa con conocimientos a los jóvenes, que en el futuro serán los protagonistas de la sociedad, marcando el camino a seguir con sus conductas.

En ocasiones, lo que se enseña en los hogares, es contrario, aunque en muchos se comparten dichas enseñanzas, de todas maneras a muchos jóvenes y adolescentes les crea confusión en sus mentes que aún están en formación.

Cuando nuestra hija Claudia, tenía catorce años, estudiaba en el colegio secundario y uno de los profesores expuso la teoría de la evolución, como si ella desconociera totalmente la verdad sobre la creación del ser humano por parte de Dios. Claudia, tuvo una fuerte discusión, pues conocía perfectamente la revelación

Bíblica y todos los argumentos verdaderos, además, que ya a esa edad, ella había tenido su encuentro con Jesucristo y la experiencia del nuevo nacimiento a través del bautismo del Espíritu Santo. Pero, no es así la situación de miles de jóvenes que no tienen la experiencia y el conocimiento de Claudia. Ellos están expuestos y son presa fácil para caer en la trampa de esta teoría. ¿Qué ocurre con aquellos alumnos que quedan convencidos de que una enseñanza científica pretende demostrar que la idea de que somos criaturas de Dios es algo anticuada? Ellos terminan creyendo que el hombre proviene del mono, otros del átomo, etc. Sin embargo, descubrimos que con estas teorías mentirosas el espíritu del anticristo, logra desacreditar la verdad bíblica y a Dios, y consecuentemente alejar cada vez más, al hombre de su Creador, Dios.

Otra de las enseñanzas modernas, es con relación a la relación sexual, que sin reparo ninguno le dicen a los adolescentes que es normal que los jóvenes tengan relaciones sexuales cuando sientan la necesidad, pasando por alto lo que la Palabra de Dios enseña. Ni siquiera importa con quien lo practiquen. Lo mismo podríamos decir del auge que está tomando la homosexualidad, tanto en los hombres como en las mujeres, que está proliferando en muchos pueblos como si fuera parte de lo permitido por Dios.

PRONTO LO ESTAREMOS VIENDO

Como consecuencia de estas enseñanzas, el espíritu del anticristo, está logrando cauterizar la conciencia de los jóvenes, quienes no tienen ningún reparo de tener esas relaciones en las mismas escuelas y fuera de ellas. Incluso, les recomiendan usar preservativos para evitar los embarazos, y en muchos casos por accidente, terminan visitando las clínicas de aborto.

En realidad, la influencia de este espíritu en esta área tiene un efecto sumamente trágico, pues las consecuencias desencadenan otras tragedias, como en estos casos, el asesinato a criaturas, el dolor en la familia, etc.

Otra de las influencias en las escuelas, es la violencia. Las conocidas gangas o patotas y hasta el fomento de la subversión, no solamente generan falta de respeto a las autoridades y profesores, sino también aparecen casos de crímenes.

Puedo recordar en Argentina, en los años 1970, cuando la subversión y la violencia, penetró en las un universidades reclutando a estudiantes que muchos de ellos se convirtieron en guerrilleros y otros desaparecieron trágicamente sin la posibilidad de que sus padres los volvieran a ver. Incluso muchos de ellos eran padres de familias.

Algunos podrán argüir, que detrás de los excesos en el campo de la educación, hay buenas intenciones. Ciertos docentes creen sinceramente estar presentando los adelantos científicos más avanzados y otros consideran que los males de nuestra sociedad no tienen otro camino de solución.

Nosotros pensamos que así se asoma claramente la astucia del espíritu del anticristo. De la misma manera actuó en la antigüedad, la serpiente, quien no mostró algo desagradable, sino un fruto de hermoso aspecto, nutritivo y lleno de promesas de sabiduría. Si vemos corrupción e inmoralidad en nuestra sociedad, donde los jóvenes mantienen relaciones sexuales prematrimoniales, los crímenes cada día son más frecuentes y la falta de respeto hacia los mayores se profundiza, es porque la gente está aplicando el modelo de vida que ha aprendido en las escuelas y universidades.

Este espíritu aprovecha esas enseñanzas engañosas para encarrilarlo por los peores caminos. Los valores morales y principios de vida se han tergiversado de tal manera, que los jóvenes ya no saben qué es lo bueno y qué es lo malo.

Al respecto la Biblia tiene una respuesta en Isaías 5:20: «¡Ay de los que llaman a lo malo bueno y a lo bueno malo, que tienen las tinieblas por luz y la luz por tinieblas, que tienen lo amargo por dulce y lo dulce por amargo!»

Los niños y adolescentes que no mienten, no roban o rechazan la fornicacion, se consideran unos tontos y los que desean mantenerse en las enseñazas y principios cristianos es echado a un lado y despreciado. Pero Jesús les dice en Mateo 5:11: «Dichosos serán ustedes cuando por mi causa la gente los insulte, los persiga y levante contra ustedes toda clase de calumnias».

Hace algunos años, conocí un pastor en la ciudad de New York, y me contaba cuán difícil era para los cristianos que tienen hijos estudiantes, enfrentar disposiciones que de hecho impulsan a la práctica libre de relaciones sexuales en las escuelas, entregando a cada alumno un libro que trata sobre el tema, así como preservativos, para librarse de embarazos y de contraer enfermedades como el SIDA. Al mismo tiempo se combate la oración y la lectura bíblica, práctica que se hacía desde hace mucho tiempo. Por esta razón muchos están creando escuelas dentro de sus propias casas o iglesias, donde aprenderán los principios éticos y morales que enseña Cristo.

Debemos enseñar a nuestros hijos a no ceder ante los conceptos y prácticas que claramente responden al espíritu del anticristo, que está detrás de todas ellas.

Si bien es cierto que Dios ha dado libre albedrío al ser humano, y puede elegir cuál es el camino que tomará en la vida, es innegable que ese espíritu aprovecha esa libertad para fomentar la confusión y degradación de él. Es lamentable, que al llegar al cumplimiento del siglo descubrimos que gran parte de la juventud se encuentra en una profunda ceguera espiritual. Muchos han aprendido solo a justificar de alguna manera ese estilo de vida, pero están vacíos espiritualmente, sin esperanzas, sin el poder de Dios y sin la guía del Espíritu Santo, es decir, sin vida eterna.

Cierta noche, mi esposa y yo pasábamos por un club nocturno en Buenos Aires, donde cientos de jóvenes hacían cola para entrar. Nos acercamos a conversar con una jovencita y hablamos sobre la música rock y sus mensajes diabólicos. Para nuestra sorpresa, ella nos respondió que conocía el tema, pero para ella no había diferencia entre la propuesta «satánica» y la religión, que se sentía cómoda y que estaba dispuesta a seguir disfrutando de esa música y de esa clase de vida.

Nos quedamos estupefactos al ver la ceguera y la confusión que ella tenía y la clase de vida que llevaba, pues no cabe duda, que tanto dentro de ese recinto como fuera, son muchos los pecados que a ellos los envuelven.

Parecería que se cumple en nuestros días, en el mundo estudiantil, lo que Pedro describe en el capítulo 2:1-3 de su segunda epístola:

«En el pueblo judío hubo falsos profetas, y también entre ustedes habrá falsos maestros que encubiertamente introducirán herejías destructivas, al extremo de negar al mismo Señor que los rescató. Esto les traerá una pronta destrucción. Muchos los seguirán en sus prácticas vergonzosas, y por causa de ellos se difamará el camino de la verdad. Llevados por la avaricia, estos maestros los explotarán a ustedes con palabras engañosas. Desde hace mucho tiempo su condenación está preparada y su destrucción los acecha».

Es indudable que esta advertencia de Pedro, viene muy bien para este tiempo. Estos falsos maestros introducen encubiertamente enseñanzas destructoras. Miles de jóvenes les siguen a tal punto, que como esa joven, llegan a blasfemar contra Cristo y Dios. Incluso, la religión tradicional (Católica Apostólica Romana) nunca tuvo una respuesta poderosa, profunda y vivificante. Su fundamento es político e idolatría. Los falsos profetas y maestros están en el pueblo. Tanto jóvenes como adultos, viven ciegos pues están carentes de la verdadera instrucción.

En Oseas 4:6 nos dice la Palabra de Dios: «Pues por falta de conocimiento mi pueblo ha sido destruido».

La falta de conocimiento se refiere, como en el caso de esta joven y de muchos otros, a que en realidad, lo que ellos consideran o creen que es la iglesia, no lo es.

Esto me hace pensar que el espíritu del anticristo, oponiéndose al de Cristo ha transformado la religión en una especie de caja de música, que funciona mecánicamente, y que no tiene vida en sí misma. Dejamos lo espiritual para más adelante, sin comprender que es urgente orar y clamar a Dios por sabiduría, para enseñar la verdadera vida espiritual a nuestros niños y jóvenes, y que eso ocurra también en las escuelas. Debemos cuidar de no justificar los pecados cumpliendo ritos, sino dar la enseñanza diaria del arrepentimiento y la confesión.

Es necesario la enseñanza en el hogar, el diálogo con nuestros hijos para estar enterados de lo que están aprendiendo y, si es necesario corregir lo que esté en contra de la voluntad de Dios.

Por todo lo anterior:

- Debemos examinar si nuestros afanes y compromisos nos han alejado de nuestra prioridad, que es, educar a nuestros hijos.
- Debemos darnos cuenta que hemos confiado nuestros hijos a maestros que les inculcan doctrinas mentirosas.
- Debemos orar con ellos y abrir el corazón para que a través del Espíritu puedan llenar el vacío que tengan. Necesitan ser fortalecidos en la fe y en la reiteración de las obras de Cristo.

No es un conocimiento intelectual, sino en el poder transformador y maravilloso de Jesucristo

Esto no lo van a aprender en las escuelas y en las falsas religiones, sino más bien en la intimidad del hogar y la iglesia de Cristo. Donde el Espíritu Santo es el maestro y guía de cada Creyente.

EL ESPÍRITU DEL ANTICRISTO Y LA SEXUALIDAD

Recientemente, en el pasaje que hemos leído, Pedro habla sobre la blasfemia contra el camino de la verdad.

El verdadero propósito que quiero alcanzar, es demostrar que la sexualidad no es una prohibición, sino una bendición y un privilegio, pero también debemos reconocer las consecuencias que pueden traer cuando se practica de una manera indebida.

En el desarrollo de los temas tratados hasta ahora, en varios tópicos, rozamos apenas este asunto que ha traído tanto mal a la humanidad, a tal punto que se ha degenerado en una desviación: el homosexualismo.

En verdad, el pecado es pecado, pero hay algunos que contaminan el cuerpo, tal es la sexualidad mal practicada. Leemos en 1 Corintios 6:18: «Huyan de la inmoralidad sexual. Todos los demás pecados que una persona comete quedan fuera de su cuerpo; pero el que comete inmoralidades sexuales peca contra su propio cuerpo».

David Wilkerson dice:

Si el sexo no va guiado por los verdaderos valores de la vida y fundado sólidamente en los lazos matrimoniales del amor profundo y verdadero entre el hombre y la mujer, se convierte en nada más que desenfreno del instinto animal y sus efectos finales son desastrosos.

¿Cuáles han sido los efectos sociales y físicos de la desobediencia a los mandamientos de Dios?

Hoy, la sociedad gime desesperadamente, porque se siente destruida y sin esperanza. El espíritu del anticristo la mantiene bajo un manto de degradación y ruina, maldición y destrucción.

La Biblia nos enseña en Isaías 24:3-6: «La tierra queda totalmente arrasada, saqueada por completo, porque el SEÑOR lo ha dicho. La tierra languidece y se marchita; el mundo se marchita y desfallece; desfallecen los notables de la tierra. La tierra yace profanada, pisoteada por sus habitantes, porque han desobedecido las leyes, han violado los estatutos, han quebrantado el pacto eterno. Por eso una maldición consume a la tierra, y los culpables son sus habitantes. Por eso el fuego los consume, y sólo quedan unos cuantos».

Este pasaje nos enseña el triste destino de los pueblos, cuando traspasan los limites establecidos y falsean lo recto.

Solo en los Estados Unidos, país destacado por mantener las estadísticas al día, entre 17.000 a 20.000 son casos de violaciones, y una cifra parecida de incesto. En 1997, se registraron 472.623 partos de adolescentes (proporción estimada del 12% de los nacimientos). De ellos el 64 % se registró en madres solteras. Aproximadamente 10.311 eran hijos de madres menores de 15 años. En las adolescentes se practican anualmente 400.000 «abortos terapéuticos».

La tasa de divorcios entre adolescentes y jóvenes es del 50% a los dos años de matrimonio y del 80% al cabo de 5 años. La mayoría de las madres adolescentes tienen antecedentes de abandonar la escuela y de problemas sicológicos, siendo probable que presenten embarazos repetidos. (Véase manual Merk, pp. 2519, 2529.)

Indudablemente, este mal va en aumento, los efectos están a la vista. Esto no solo ocurre en los Estados Unidos, donde mantenemos una estadística, sino también sucede en muchas partes del mundo donde la desviación sexual está haciendo estragos y la sociedad se pregunta ¿qué está pasando?

Por ejemplo, el efecto de la desobediencia a Dios en la parte espiritual es que lo primero que desaparece es la paz.

El Salmo 38:3 dice: «Por causa de tu indignación no hay nada sano en mi cuerpo; por causa de mi pecado mis huesos no hallan descanso».

En Isaías 57:21: «No hay paz para los malvados—dice mi Dios—».

En mi libro *Aborto*, hablo sobre las terribles consecuencias y sufrimientos espirituales, sentimentales y físicas que quedan por dichas prácticas.

Practicar la sexualidad indebidamente es pecado dejando como resultado:

Dolor, amargura, desdicha, sufrimiento, culpa, miseria, soledad, esclavitud, aislamiento, autoconmiseración, autodesprecio. Todo esto puede desembocar en despresión y finalmente, suicidio.

Seguramente, parte de la culpa la tiene la iglesia porque muchas veces no hemos predicado ni enseñado al respecto, entonces damos lugar al espíritu del anticristo. Aunque no podemos olvidar las antiguas enseñanzas puritanas, que a su vez, han hecho tanto mal debido a que concibieron las relaciones sexuales como algo sucio, impuro y pecaminoso; nada más alejado de la verdad. Esta ideología ha contribuido a arruinar la felicidad de muchos matrimonios cristianos, y ha conducido a muchos jóvenes a la rebelión, luego al libertinaje y al rechazo de la voluntad de Dios sobre sus vidas.

La relación sexual, cuando se vive dentro de los parámetros divinos, o sea, en el matrimonio, siempre es una bendición.

Mucho más porque Dios estableció esta relación como medio de procreación y como íntimo placer en la pareja.

La relación sexual en el matrimonio no es pecado.

El problema de practicar las relaciones sexuales libremente, es que esta se degrada cuando se lleva a cabo por caminos que Dios no aprueba. Una de las desviaciones se producen, como leímos anteriormente, cuando lo malo lo convertimos en bueno.

Basta leer todo el capítulo 18 de Levítico, para darnos cuenta de la terrible abominación para con Dios que son las prácticas sexuales entre padres e hijos, entre hermanos, entre seres humanos y animales, etc.

Tal es el caso de la homosexualidad, tanto en lo masculino como en lo femenino.

Desde hace tiempo, el homosexualismo se ha ido introduciendo en el mundo, de una forma cada vez más abierta. Desde los comienzos del siglo XX, el homosexualismo se fue organizando y tomó forma de movimiento.

Siempre existieron homosexuales, pero por lo general, estaban encubiertos, en especial entre las mujeres, lo que se conoce como lesbianismo.

El caso conocido desde la antigüedad por todo el mundo, es el caso de las antiguas ciudades de Sodoma y Gomorra y las ciudades aledañas. Eran baluarte de un homosexualismo popular y degradante, a tal punto que cuando dos ángeles visitaron a Lot (sobrino de Abraham) y su familia, para avisarles que Dios había decidido destruir estas ciudades, los hombres se unieron con el propósito desafiante, de violar sexualmente a los ángeles enviados por Dios.

Todos conocemos lo que sucedió después que Lot y su familia salieron de la ciudad, estas fueron destruidas junto con sus habitantes, por el fuego que cayó del cielo.

La Biblia y la historia, siempre han revelado casos aislados de homosexuales, que incluso ocupaban puestos de gobierno y hasta religiosos.

Para nuestra sorpresa, a mediados del 2000, en los noticieros de Estados Unidos, lanzaron una estadística, donde aseguraron que el 70% de los sacerdotes católicos eran homosexuales y el 40% padecía de SIDA.

¿Por qué consideramos que el homosexualismo no es normal, por qué no es una enfermedad genética, por qué no es hereditario?

Pues en primer lugar, debemos entender que es anormal y es malo, pues no está de acuerdo a la voluntad de Dios y, además, es todo lo contrario de sus enseñanzas y mandamientos. Si así no fuera, entonces Dios no lo condenaría ni hubiera destruido esas ciudades, y aun más, no hubiera destruido el mundo antiguo de la época de Noe a través del diluvio, ya que una de las razones que hicieron que Dios se doliera y se arrepintiera de haber creado al hombre, era justamente la depravación de la dignidad por la práctica del homosexualismo (Génesis 6:1-8).

Por otra parte, debemos entender que Dios crea al hombre y a la mujer, como lo vimos anteriormente, con el propósito de que se multiplicaran y procrearan. De una relación homosexual, ya sea de hombre o mujer, es imposible lograr la procreación.

Siempre que los homosexuales han pretendido reconocimiento, han chocado con esta realidad. La otra es que en sus luchas por conformar una familia (en el caso de criar hijos) han tenido que recurrir a la adopción

A modo de ejemplificar le cuento algo cómico.«¡Dios creó a Adán y Eva, no creó a Adán y Esteban!»

Hasta aquí, hemos invertido tiempo y declaraciones según nuestra manera de razonar, por lo que hemos visto y hemos aprendido mediante el sentido común y la experiencia. En estos años he tratado con exhomosexuales y exlesbianas, con quienes hemos hechos algunos programas de TV. Según el testimonio de cada uno, llegamos a la conclusión que las causas casi siempre fueron las mismas y los resultados también, y por último, también fue una sola la vía de escape y de restauración. Todos reconocieron que es un pecado y una depravación que no justifica de ninguna manera tal actitud.

Pero el arrepentimiento y el perdón de Dios, y la aceptación de Cristo en sus vidas, les libertó de este pecado y de la condenación. ¡Gloria a Dios!

La pregunta es: ¿Qué piensa Dios del homosexualismo y de practicar libremente las relaciones sexuales? ¿Cuál fue la razón del inicio de este pecado, o cuál fue el pecado que le antecedió?

Para recibir esta respuesta tenemos que averiguar en las Escrituras, el pensamiento de Dios. «Más Dios muestra desde el cielo su ira contra los pecadores malvados que hacen a un lado la verdad; ellos conocen la verdad de Dios por instinto, pues él ha puesto conocimiento (conciencia) en sus corazones. Desde los tiempos más remotos, los hombres han estado contemplando la tierra, los cielos, la creación entera; y han sabido que Dios existe, que su poder es eterno. Por lo tanto no podrán excusarse diciendo que no sabían si Dios existía o no. Lo sabían muy bien, pero no querían admitirlo, ni adorar a Dios, ni darle gracias por el cuidado de todos los días. Al contrario, se pusieron a concebir ideas estúpidas sobre la semejanza de Dios y lo que él quiere de ellos. En consecuencia, sus entendimientos se oscurecieron y confundieron. Y al crerce sabios sin Dios, se volvieron más necios.

Luego, en vez de adorar al glorioso y sempiterno Dios, tomaron madera y piedra y se tallaron dioses con forma de pájaros, reptiles y simples mortales, y los proclamaron y adoraron como el gran Dios eterno.

Por eso Dios los dejó caer en toda clase de pecado sexual, y hacer lo que les diera la gana, aun los más viles y perversos actos, los unos con los otros.

En vez de creer la verdad de Dios que conocían, deliberadamente creyeron la mentira. Oraron a las cosas que Dios hizo, pero no quisieron obedecer al bendito Dios que hizo todas aquellas cosas. Por eso Dios los dejó desbordarse y realizar perversidades hasta el punto que sus mujeres se rebelaron contra el plan natural de Dios y se entregaron al sexo unas con otras. Y los hombres, en vez de sostener relaciones sexuales normales con mujeres, se encendieron en sus deseos entre ellos mismos, y cometieron actos vergonzosos hombres con hombres y, como resultado, recibieron en sus propias almas el pago que bien se merecían.

A tal grado llegaron que, al dejar a un lado a Dios, y no querer ni siquiera tenerlo en cuenta, Dios los abandonó a que hicieran lo que sus mentes corruptas pudieran concebir».

Sabían hasta la saciedad que el castigo que impone Dios a esos delitos es la muerte, y, sin embargo, continuaron cometiéndolos, e insitaron a otros a cometerlos también. (Romanos 1:18-3; paráfrasis del autor).

Encontramos entonces, que la destrucción viene, en primer lugar, porque conociendo a Dios y su obra, se alejaron de él, le despreciaron y prefirieron suplantarlo por «ídolos» que ellos mismos se fabricaron.

«Claro está que un ídolo, sea de madera, de piedra o fundición, no tiene la capacidad de denunciar el pecado y sus consecuencias».

Esta es una demostración de falta de temor a Dios, su creador. Y este es el primer problema que encontramos en el mundo actual: «La gente perversa le ha perdido el temor a Dios, por eso son abandonados a toda clase de perversión, en este caso el homosexualismo y la libre sexualidad».

En segundo lugar encontramos que: a pesar de que sus conciencias les habla de Dios y de la necesidad de arrepentirse, se rebelaron contra Dios, y en su misma cara adoraron y oraron a las cosas que Dios hizo.

Por esta razón, el espíritu del anticristo, ciega su entendimiento y los confunde, al tal punto que se vuelven necios. Así es como pierden dignidad y se depravan. Como dice en Efesios 4:18: *«A causa de la ignorancia que los domina y por la dureza de su corazón, éstos tienen oscurecido el entendimiento y están alejados de la vida que proviene de Dios».*

Definitivamente, encontramos que todos los homosexuales y los que practican las libertades sexuales, primeramente son idólatras.

Esta práctica sexual, junto a otras que se detallan en Levítico 18, en el v. 22 dice: «No te acostarás con un hombre como quien se acuesta con una mujer. Eso es una abominación». Recomiendo leer todo el capítulo. Allí comienza diciendo, que estas prácticas se realizaban en Egipto y las naciones vecinas, junto con la idolatría, y por esta razón Dios envió destrucción.

El homosexualismo y la práctica libre de la sexualidad son dos armas poderosas de este espíritu que solamente tiene el propósito de burlarse de Dios y destruir al ser humano.

Ya lo hizo hace miles de años, en la época de Noe, cuando todos murieron debajo de las aguas, luego volvió a ocurrir con las ciudades mencionadas (Sodoma y Gomorra). Ahora, cuando todo parece normal y bueno, donde los movimientos homosexuales y del sexo libre, están luchando por conseguir derechos, siguen en la misma necedad y rumbo al mismo infierno para encontrarse con sus antepasados.

¿Cuáles son los motivos que muchos argumentan para vivir en esas prácticas?

Según la experiencia nuestra, a través del ministerio, es que algunos sentían falta de amor por parte de sus padres y familiares.

Realmente, hemos conocido casos donde la falta de amor fue el motivo por el que se rebelaron contra sus familiares y aun contra Dios. Digamos que esta es la causante que los alejaría del hogar, sin embargo, esta razón no justifica dicha rendición al pecado, y menos de esta naturaleza.

Otra razón es que no conocía o no sabían que era un pecado, sino que según aprendieron, es una forma de vida diferente y que la sociedad debe aceptarlo.

Es imposible aceptar este argumento, pues como dice el pasaje que hemos leído: Dios, al igual que todo ser humano, les equipó con una conciencia, es decir, que toda persona sabe lo que está bien y está mal porque su conciencia se lo revela. Si así no fuera, entonces Dios no los juzgaría y no lo condenaría.

Sí, es verdad que es una forma de vida diferente, pero no es la que Dios aprueba ni contempla. Y en cuanto a la esperanza de que la sociedad lo apruebe, eso es posible, ya que las mismas presiones la obligan. Además, muchos de los que manejan poderes en la política, la economía, la religión y los medios, también llevan esa clase de vida. Muchos de ellos son homosexuales y les encanta la libertad sexual.

Al respecto, dentro de los mismos Estados Unidos, varias veces se han vivido escándalos en el ámbito del gobierno por causa como estas o similares.

Por ejemplo: Clinton- Lewiski y otros.

Los homosexuales luchan por el reconocimiento en las diferentes áreas de la sociedad. Tienen que saber que les reconocemos, sabemos que son homosexuales, pero es imposible, que puedan formar un matrimonio. Aunque traten de vivir como tal, es imposible que intenten adoptar hijos, pues el amor y la educación que recibirán será tan degradante como la de ellos. Es una locura que sean maestros de nuestros hijos. ¿Qué les pueden enseñar? ¿Su sistema de vida? ¿Cómo es posible que sean casados por ministros cristianos, cuando la Palabra de Dios, enseña claramente que es un pecado de perversión? ¿Cómo decretar leyes que aprueben la libre sexualidad, cuando miles de abortos son realizados? ¿Cuándo tantas madres adolescentes necesitan quienes les sostenga en todos los aspectos? Reconocemos toda la lucha y reclamos que vienen haciendo abiertamente frente a los despachos gubernamentales. Lo lamentable es que aún no se dieron cuenta de su error y si lo saben, entonces han endurecido su corazón contra Dios.

Si no fuera pecado, Dios no los condenaría. Veamos que piensa Dios al respecto:

En primer lugar, Dios permite la destrucción, porque este pecado es contra el propio cuerpo y la conciencia lo reclama directamente, es una perversión, y lo que más le molesta a Dios es: «la rebeldía».

La conciencia trabaja como aquella famosa cajita negra que llevan los aviones. Cuando un avión sufre un accidente, los ingenieros, lo primero que hacen es buscar la cajita negra. Cuando la encuentran, la llevan al laboratorio, y allí la ponen en marcha. Esa caja es una especie de computadora donde registra todos los movimientos durante el vuelo. Entonces, cuando es puesta en marcha, revela el problema que hubo, el cual causó el accidente. El asunto es que muchos, han hecho lo que hizo doña Marta con su perrito. Un día la ancianita Marta le regaló su hermoso perrito al Pastor de la Iglesia, en agradecimiento por la compasión que tuvo con ella. Sin embargo, después de tres meses, el Pastor le dijo a doña Marta: El perrito que me regaló es hermoso y bien educado, pero he notado, que come, bebe, corre, salta, pero nunca le escuché ladrar. ¡Ah, exclamo Marta, yo sé porqué no lo hace, el problema es que ese perro ladraba tanto que me canso, y un día le di varios golpes en su cabeza y después de esto nunca mas lo hizo!

Así han hecho muchos pecadores, le han dado varios golpes a su conciencia que ya no habla más.

Sin embargo, la Palabra de Dios dice en 1 Corintios 6-9: «¿No saben que los malvados no heredarán el reino de Dios? ¡No se dejen engañar! Ni los fornicarios, ni los idólatras, ni los adúlteros, ni los sodomitas, ni los pervertidos sexuales, ni los ladrones, ni los avaros, ni los borrachos, ni los calumniadores, ni los estafadores heredarán el reino de Dios».

Todos los argumentos que se traten de exponer para justificarse son inútiles.

En una oportunidad participé de un debate televisivo, donde el moderador era un conocido sacerdote católico. La pregunta era: si los homosexuales tenían el derecho de adoptar hijos.

Las respuestas fueron varias. Una mujer dijo que eran enfermos mentales, otro dijo que era una cuestión de amor, los homosexuales y lesbianas presentes argumentaron la necesidad de dar el cariño y el amor que sentían, y que tenían derecho a formar una familia legitima. Usted se puede imaginar cuáles fueron mis respuestas. Lo cierto es que lamenté mucho ver la ceguera de sus mentes y sus corazones endurecidos, y lo que más me dolió fue descubrir que el mismo sacerdote era homosexual, pues conociendo la verdad, muy delicadamente asintió la propuesta de los homosexuales. Dijo, ellos necesitan amor.

Por supuesto que necesitan amor, pero ese no es el camino correcto que han escogido para encontrar el verdadero amor.

Lo que ellos buscan es un amor libertino y depravado, idolátrico y toda clase de rebeldía contra Dios. Aunque algunos dicen creer en Cristo, solo es un deseo de que Cristo apruebe la forma de vida que han escogido. Sin embargo, Cristo no se puede contradecir, él mismo es quien les condena. Además, sabemos que ninguno de ellos puede estar influenciado y guiado por el Espíritu Santo de Dios, pues ante Dios, son abominables.

Al igual que en el pasado, hoy más que nunca, los movimientos homosexuales están acercándose a la tragedia de muerte prematura, como ya está ocurriendo, con pestes como el SIDA y otras formas que Dios tiene de condenar.

Sin embargo, como dice en el v.11, hay esperanza para ellos: «Y eso eran algunos de ustedes. Pero ya han sido lavados, ya han sido santificados, ya han sido justificados en el nombre del Señor Jesucristo y por el Espíritu de nuestro Dios».

Siempre hay tiempo para el arrepentimiento y el perdón. La obra que Jesús hace en las personas que le aceptan, como vemos, es completa.

Un día, en la ciudad de Frías (Santiago del Estero), durante una cruzada, un joven se acercó a mí y me pidió que le ayudáramos. Yo no sabía cuál era su necesidad, cuando comencé a orar por él, Dios me mostró que era homosexual. Yo no le dije nada, solo, reprendí al demonio que estaba en él, y de inmediato, salió del joven. Al finalizar la cruzada, me entregó una carta, que la leí en el camino de regreso a mi casa. La carta decía la razón por la que él había caído en la trampa del diablo. Tenía problemas con su padre a quien odiaba por el mal trato que le daba. Un amigo, que estaba con él, a quien también libertamos, le invitó a pasar un tiempito en su casa, con el fin de darle el cariño que necesitaba. Allí comenzaron las relaciones, y como si fuera poco, fueron a pedir ayuda a una bruja. Imagínese el estado espiritual y sentimental de estos dos jóvenes. Gracias a Dios, que en esa cruzada, los dos, independientemente, se arrepintieron y se convirtieron a Cristo.

Podría contar muchos casos más que hemos tratado y otros que nos contaron. Desde hombres que abandonaron su esposa e hijos por irse a unirse con otro hombre, hasta mujeres, incluso esposa de pastores cristianos, que abandonaron a sus esposos e hijos y el ministerio, por unirse a una mujer.

Dios conoce los verdaderos motivos por los cuales se corrompen los seres humanos. Por esa razón, siempre les da la oportunidad para arrepentirse.

Como hemos leído, lo que Dios espera es que no insistan con el pecado y no continúen incitando a otros.

El espíritu del anticristo, es quien influye sobre la humanidad y les induce al libertinaje sexual, haciéndoles creer que Dios lo aprueba o que Dios no existe, entonces todas las palabras son fábulas. No es así, hay un infierno que aguarda, pero también hay un Cristo que entregó su vida en la cruz, por los más terribles pecadores.

En una oportunidad, volviendo de una cruzada, en Salta, Argentina, se nos descompuso el vehículo en medio de la carretera. Mientras tratábamos de repararlo se acercó una mujer. Yo me di cuenta que se trataba de una prostituta que trabajaba con los camioneros. Cuando se acercó a mí, le entregué un folleto que en su tapa decía: ¿Es usted feliz? Cuando esta mujer comenzó a leer, sus manos empezaron a temblar, comenzaron a correr lágrimas de sus ojos. Entonces clamó diciendo:

¿Usted cree que Dios me puede perdonar? ¿Usted sabe las barbaridades que yo he cometido? Así varias veces. Yo le dije: Mujer, no sé quién eres ni lo que has hecho, lo único que sé es que el mismo Cristo que murió por mí, lo hizo también por ti. Esa mujer, preguntó desesperada; ¿qué tengo que hacer? Solamente debes arrepentirte y entregar tu vida a Cristo. Así lo hizo, delante de los que allí estábamos. Pudimos ver como su rostro se transformó, como el terrible peso del pecado desapareció de su vida, en ese mismo instante. Su tristeza y aflicción se transformó en alegría y gozo y la paz del Espíritu Santo llenó su corazón.

No es cuestión de condenar al pecador o decir: ¡«Qué gente tan horrible»! Todos somos tan malos como ellos. Cuándo decimos que estos malvados deben ser castigados, es verdad, pero ¿quiénes somos para condenar? Dios abomina al pecado, pero no al pecador. Usted y yo fuimos perdonados de pecados iguales o peores que el de ellos, sin embargo, el mismo Cristo, también derramó su sangre tan poderosa, que no hay pecado tan horroroso qu se pueda limpiar.

Debemos orar, antes de condenar, por lo que conocemos o por lo que no conocemos.

En Romanos 3:26 dice: Y ahora, en el presente, puede él recibir también a los pecadores en la misma forma, porque Jesús quitó los pecados de ellos. Pero, ¿No es injusto el que Dios absuelva a los transgresos y los declare inocentes? No porque lo hace con base en la fe de ellos en Jesús, quien quitó sus pecados (paráfrasis del autor).

Si usted está preso de algún pecado similar, ahora es el tiempo de arrepentirse. No permita que el espíritu del anticristo lo conduzca hacia el infierno. Jesucristo podrá libertarle en un momento. Solamente debe renunciar a ese pecado o a cualquiera que lo tenga atrapado y en el nombre de Jesús, el diablo le soltará. Sus enfermedades serán sanadas y su nombre será anotado en el libro de la vida. Seguidamente, el Espíritu Santo vendrá a usted y le llenará de paz

EL ESPÍRITU DEL ANTICRISTO Y LA MEDICINA

Al tocar este tema seguramente habrá profesionales que comprenderán nuestro punto de vista, pero otros reaccionaran de otra forma.

Naturalmente, si descubrimos alguna influencia del espíritu del anticristo, no nos estamos dirigiendo a profesionales determinados, sino al sistema imperante, teniendo en cuenta, que hay algunos que ejercen la medicina de una manera realmente cruel.

Conocí el caso de una mujer que padecía una grave enfermedad cerebral. Un cirujano muy famoso, en Argentina, que ya murió, disponía de la capacidad y de los equipos necesarios para operarla con éxito, pero ella no contaba con los recursos exigidos para los elevados honorarios y no pudo acceder al tratamiento. Lo que sucedió, fue simple: la mujer continuó con su mal y murió al poco tiempo.

La Biblia, a casos como estos los identifica con la parábola del buen samaritano, especialmente con el sacerdote y el levita, que viendo al hombre tirado al costado del camino, herido por los ladrones, continuaron, sin misericordia, su camino (Lucas 10:30-36).

También es cierto, que en julio del 2000, el doctor René Favaloro, fundación que lleva su nombre en la ciudad de Buenos Aires, y creador del tan conocido Baypas, se quitó la vida con un disparo al corazón. La razón, según él escribió, era que el sistema de seguros médicos, desde hacía varios meses le debía una gran suma de dinero a la fundación, razón por la que estaba pasando una grave crisis económica. Sin embargo, la verdadera razón, por la que decidió suicidarse, según lo relata la carta, era que estaba cansado de la indiferencia y el desprecio del gobierno y de las entidades responsables.

Conozco la historia, pues este médico operó a mi madre en esa fundación, treinta días antes de la tragedia, y hablé personalmente con él y lo vi muy preocupado.

En este capítulo se encuentran retratadas las actitudes de diversos tipos de gente; el indiferente y el que sufre de impotencia. Pero existen otros que años atrás, construyeron hospitales y clínicas al alcance de todo el pueblo. Estaban provistos de adelantos técnicos y había una buena atención, pero al pasar los años el sistema se fue corrompiendo y hoy muchos de esos hospitales presentan graves falencias técnicas, escasean los materiales básicos para una atención adecuada, los médicos y la higiene no es buena.

En 1991, uno de mis hijos se fracturó una pierna, el fémur y la rodilla en cinco partes en un accidente automovilístico. Fue trasladado al hospital y allí estuvo tres horas en una camilla, sin sábanas y perdiendo sangre.

Cuento el caso, pero deseo aclarar que no me refiero a los médicos, sino a la corrupción del sistema. Se roban los materiales, muchos profesionales cobran y no trabajan, pero otros trabajan y no cobran, entonces, el sistema es decadente.

En una cultura civilizada, donde la corrupción no se frena, se generaliza alcanzando aun las necesidades básicas.

Lógicamente, podemos preguntarnos si todo esto tiene que ver con el espíritu del anticristo. Apenas examinamos algo, nos damos cuenta que hay una relación estrecha. El espíritu del anticristo se ha introducido en las autoridades encargadas de esos hospitales, de tal manera, que no se ocupan del buen funcionamiento ni en el aspecto científico ni en el humano, y mucho menos tecnológico. A eso se suma la piratería y la falta de medios, cuya responsabilidad es de los gobiernos que son los que recaudan los impuestos.

Lo notable es que paralelamente a la decadencia de estos servicios públicos de salud, surgen los establecimientos privados, con un criterio exclusivamente comercial, que son tan caros que hay millones de personas que no tienen acceso a ellos.

Uno de los problemas de estos hospitales privados en su mayoría, es que si alguien tiene alguna enfermedad crónica, por ejemplo, diabetes, no los aseguran. Cierto día, conversando con un promotor de uno de estos seguros hospitalarios le dije que este era un sistema injusto, y él me respondió: «es un negocio».

La medicina se ha transformado en un negocio muy provechoso, y se lucra insensiblemente con el padecimiento humano. Hay personas que se han visto arruinadas de la noche a la mañana, a raíz de alguna enfermedad, y han requerido un tratamiento oneroso. Otros se han visto obligados a concurrir a lugares que son peor que un hospital de campaña, y por lo general son hasta mejores.

Cuando Cristo habló del buen samaritano, estaba hablando de justicia, amor y compasión.

Aquel hombre no le preguntó al que estaba herido al borde del camino, cómo se llamaba, cuánto dinero tenía, si contaba con lo necesario para ser atendido ni si estaba afiliado a alguna obra social. Simplemente, lo levantó, lo llevó al mesonero y allí dejo el dinero para que lo atendiera, y aclaró que si faltaba algo, lo pagaría al volver.

Debemos examinar nuestro pasado, porque quizá, en ese análisis pudiéramos descubrir que hemos tenido la oportunidad de ayudar a alguien herido, enfermo o accidentado y no lo hemos hecho. No lo debemos hacer para crearnos un sentido de culpa sino de rectificación.

El espíritu del anticristo, entiende bien que la ciencia médica es para ayudar al bienestar de los individuos y de los necesitados, y por eso se esfuerza por perturbarla, incluso lo hace a través de los medicamentos, que muchas veces son inaccesibles para el bolsillo de los enfermos.

Des esta forma, lejos de la actitud que tuvo el buen Samaritano, busca que dicha actitud no se concrete, por medio de un sistema frió y calculador.

La defensa de los más necesitados cada día va desapareciendo.

En el año 1999, Dios hizo un milagro en mi vida cuando tuvieron que realizarme una angioplastia. Mi made vino a Miami desde la Argentina por un impulso de Dios, y trajo $7000.00, sin tener ni la menor idea de lo que iba a suceder. En ese momento me comunicaron que si no pagaba por adelantado no me operaban. El dinero de mi madre salvó la situación. Sin duda, conociendo Dios esa necesidad, proveyó e hizo que mi madre trajera el dinero.

Pero, ¿qué hubiera pasado si Dios no hubiera hecho el milagro?

El cuadro de Cristo, es sumamente distinto. Él sanó y sana sin considerar la situación social y económica de quien lo necesite. Así lo hizo él y así lo hacemos nosotros cuando llevamos sanidad y liberación, cumpliendo su orden.

Hay un hermoso relato en Mateo 15:29-39, en el que vemos al Señor dedicando varios días a sanar enfermos y declarando: «Siento compasión de esta gente». Porque después de haberles asistido con su poder sanador y sus enseñanzas, aun faltaba hacer un milagro. Faltaba alimentar a esa multitud. Así fue como ocurrió aquel portentoso milagro cuando quizá más de diez mil personas fueron alimentadas.

¿Quiénes eran? No lo sabemos, pero, sin duda habrían pobres y ricos, sanos y enfermos, prostitutas y mujeres de su casa, ladrones y trabajadores, autoridades y desamparados, obreros y empresarios, drogadictos y alcohólicos. Sin embargo, Jesús, tuvo misericordia de todos, demostrando que no hace acepción de personas.

Una sicóloga cristiana me dijo una vez: «Estudié varios años y cuando me recibí, instalé mi consultorio. Me llevé la gran sorpresa de que muchas de las personas que consultaba tenían problemas espirituales, y me di cuenta de que la sicología era un mal negocio, porque no podía cobrarle a quien llegaba con necesidad de ser libertado de sus ataduras, o al que no necesitaba la ayuda de un sicólogo, sino la de un Pastor». Para mí fue una bendición oír a esa cristiana que no se había dejado influir por el afán del dinero, lo cual está bien ligado al espíritu del anticristo.

Lamentablemente, no siempre es así. En muchas instituciones que practican esa clase de medicina o ayuda social, hay multitud de dependencias y hasta mucha crueldad.

Jamás, nada de esto lo vamos a ver en Jesucristo, que siempre ha actuado por la necesidad del ser humano, con amor y compasión. Él sanó a muchos enfermos y libertó a muchos endemoniados, pero jamás sacó provecho alguno del bien que hizo. Esto es lo que deberían tener en cuenta las instituciones y profesionales de la salud. Lo contrario es ceder al espíritu del anticristo.

CAPÍTULO 6

CÓMO ACTÚA EN EL MUNDO ESPIRITUAL

Desde tiempos remotos, antes de la era cristiana, han existido fuerzas sobrenaturales, es decir, pertenecientes a un mundo invisible que lo denominamos: espiritual. Este tema lo hemos tratado en el principio de este libro.

También llegamos a la conclusión, por la revelación de Cristo, en Mateo 16:18, que todo lo espiritual trasciende a lo material y viceversa.

Hemos visto, que existe un orden espiritual, donde se destacan los rangos, como ser principados, potestades, gobernadores y huestes espirituales de «maldad», que gobiernan en las regiones celestes. La epístola que lo declara es la del apóstol Pablo dirigida a los Efesios (Efesios 6:12).

Debemos destacar que estas fuerzas como lo distingo en el pasaje, son de maldad.

Ahora, estas fuerzas que influyen en el mundo material, no están solas, sino que a su vez existen las fuerzas de Dios, los ángeles, arcángeles, querubines y serafines, los cuales pertenecen al ejército de Dios, desde antes de la creación de la humanidad.

Estos ángeles, no solamente son el Ejército de Dios, para mantener el orden en el terreno espiritual, sino que también lo hacen para mantener el orden en la tierra. Aunque invisibles, ellos están de parte de Dios, al servicio del ser humano, especialmente para aquellos que tienen temor de Dios.

Otras veces son enviados para cumplir ciertas órdenes de Dios, como por ejemplo cuando fueron enviados dos de ellos para ayudar a Lot a salir de Sodoma y Gomorra antes de que fueran destruidas (Génesis 19:1).

También en Génesis 24:7 dice: «Enviara su ángel delante de ti»

En el Salmo 34:7 dice: «El ángel de Jehová acampa en torno a los que le temen».

Como muchos otros pasajes bíblicos nos revelan, los ángeles están al servicio de los hombres. Sin embargo, quiero destacar, que de ninguna manera debemos rendirles culto ni adoración, pues ellos también son criaturas de Dios. Y la diferencia que tienen con relación a los hombres es casi ínfima. Pues en el Salmo 8:5 (RVR-60) dice; que al hombre le hizo poco menor que los ángeles y en la Nueva Versión Internacional dice: le has hecho poco «mayor» que los ángeles. Definitivamente, la diferencia, sea mayor o menor, casi no existe. Sí existe diferencia en cuanto a modos y propósitos de existencia, pero claro está que los ángeles están como ministros al servicio de Dios y del ser humano.

En esta existencia, en el orden espiritual, se desarrollan enfrentamientos, batallas y guerras, que solamente estos ángeles son los que luchan contra las fuerzas de maldad de Satanás.

Vale la pena toda esta aclaración, para darnos cuenta, que el espíritu del anticristo, no está solo, sino que existen espíritus invisibles a su disposición.

En los años de ministerio, donde muchas veces nos hemos enfrentado a demonios y potestades, hemos adquirido experiencias. A veces, cuando oramos, especialmente en la guerra espiritual, el Espíritu Santo nos revela contra «qué espíritu o potestad estamos luchando».

Cuando hablamos de guerra espiritual, tenemos que tener en claro que se trata de entrar al terreno del enemigo, con el propósito de arrebatarle lo que tiene en sus garras. Pueden ser almas y cosas que interpretamos, el diablo se roba, especialmente, las bendiciones de Dios.

Estas fuerzas y estos enfrentamientos se vienen efectuando desde la antigüedad, teniendo como ejemplo a los reyes de Egipto que siempre tenían los que se conocían como sabios o magos. Estos eran simples hechiceros y brujos, que con sus magias y brujerías pretendían orientar o ayudar en las necesidades espirituales a los reyes.

Todo esto, es lo que conocemos como: ocultismo, es decir, pertenece al mundo oculto, el mundo espiritual. Sin embargo, debemos aclarar que si bien, Dios y los ángeles, también estaban en lo oculto, es decir, lo desconocido, él se reveló al mundo en la persona de Jesucristo.

Cuando alguien le dijo: «Muéstranos al Padre, él respondió; Me ves a mí, estás mirando a mi padre».

Dios no está oculto, después que Jesucristo ascendió a los cielos, se revela en la persona del Espíritu Santo. Nunca Dios permaneció oculto, siempre tuvo la forma de mostrar su poder y autoridad, como Creador y sostenedor del universo.

Ahora bien, el espíritu del anticristo, es nombrado por primera vez por el apóstol Juan. No es tan importante cuántas veces se lo nombre, sino ¿por qué razón se le nombra? Cuáles son sus propósitos y su manera de actuar, como lo venimos viendo desde el principio.

Una de sus particularidades, es que justamente, permanece oculto, es un espíritu. Sin embargo, como hemos visto, sus obras están a la vista en casi todos los ámbitos de la vida.

Pero, ahora estamos entrando al terreno más tenebroso, pues lo veremos actuando en las diferentes ramas del ocultismo y en la religión.

¿Por qué se le menciona por única vez en Juan 4?

Pues porque comienza a trabajar contra todas las enseñanzas y propósitos de Cristo.

Satanás, fue vencido y derrotado en cuanto a la muerte. Cuando Cristo resucitó, venció al diablo y a la muerte, por lo tanto ahora le toca el turno a este espíritu.

Como vimos antes, su manera de moverse sigue siendo la misma, la astucia, la cautela, la seducción, el engaño, etc.

El espíritu del anticristo conoce la necesidad del ser humano, especialmente en el área espiritual, aunque también influye en el área material, como lo veremos.

Él sabe que en la necesidad espiritual, es cuando puede atrapar a las almas y mediante la confusión y el engaño, cumple con sus propósitos destructivos.

En ciertos pueblos, aún tiene dificultades y está perdiendo terreno y muchas de sus presas, pero en otros millones de almas, lo tienen tan arraigado que es muy difícil poder libertarles, aunque sabemos que para Dios no hay nada imposible.

La práctica del ocultismo, cualquiera sea su rama, se ha caracterizado por su crecimiento en sociedades que han crecido carentes de una evangelización profunda. Esto ha hecho, que durante muchos años el poder de Jesucristo, haya estado reservado para estos tiempos finales.

Países y regiones donde el ocultismo es parte integral del sistema de vida de los pueblos, incluso, están las verdades históricas, por ejemplo, cuando los españoles invadieron América, tuvieron que hacer pactos con los nativos, mezclando sus hechicerías con la religión católica, con tal de conseguir el favor de ellos. Muchas capillas tienen en sus bases enterrados cuando fueron fundadas los amuletos que los indígenas usaban para sus hechizos.

Ellos conocían el mundo espiritual, pues era una necesidad que tenían. El problema es que habían escogido el camino equivocado.

Así como ellos, millones de personas, en América, Europa, África, Asia, etc., viven esperanzados en lo que el ocultismo les pueda ofrecer.

De ahí que fueran apareciendo las diferentes ramificaciones con diferentes nombres y diferentes ritos, pero en esencia todas son iguales en cuanto a los poderes que manejan.

En realidad, todo comienza, cuando el ser humano se dio cuenta que estaba escaso de poder. Descubrieron que sin poder, la vida es totalmente vana. Pero el problema, como lo dijimos anteriormente, es que han buscado poderes que no es el de Dios.

Hoy, en la sociedad moderna, funciona de la misma manera. La gente quiere conocer su futuro, está hambrienta de novedades espirituales, está escasa de un poder que pueda satisfacer sus necesidades, se siente insegura, ante las dificultades de la vida, necesitan soluciones instantáneas y milagros entonces, recurren a la adivinación, al horóscopo, al espiritismo, la hechicería y brujería.

Siempre hubo personas que estuvieron dispuestas a servir al diablo, más que a la humanidad. Y la única manera de hacerlo es a través de pactos y promesas que se realizan con la intervención de demonios.

¿Por qué la gente recurre a estos lugares a pedir ayuda?

Pues porque como dije antes, buscan el milagro mágicamente. También, porque en estos lugares, jamás le van a dar la razón del sufrimiento, que es el pecado, y por último, porque, como dijo Jesús: la luz vino al mundo, pero los hombres amaron más las tinieblas que la luz, y no vienen a la luz para que sus malas obras no sean reprendidas.

En estos años de ministerio, hemos tratado con cientos de casos, donde las personas sufren serias consecuencias por la práctica del ocultismo. Todos los casos de posesiones demoníacas, han llegado a niveles de tormento que son indescriptibles. Sin embargo, no solamente los casos de posesiones sino las personas que han estado influenciadas y oprimidas por espíritus malos han dado clara señal de sufrimientos.

Estos, no solamente son espirituales, como, opresiones, perturbaciones mentales, confusión, etc., sino también sentimentales y hasta físicas.

En cuanto a las sentimentales, que se refieren a las del alma, son: angustia, temor, miedo, dolor, congoja, tristeza, depresión, etc. En cuanto a las enfermedades físicas son las que vienen como consecuencia de estas prácticas como por ataduras espirituales, por herencias de maldiciones y pactos ancestrales.

Las enfermedades pueden ser desde artritis hasta cáncer. Incluso, hemos tenido casos, donde personas no podían quedar embarazadas, por la razón que alguno de los cónyuges había tenido relaciones sexuales con alguien que había practicado ocultismo y en esa relación la atadura pasó a quien tuvo dicha relación. Y así sucesivamente, han quedado atados el esposo y la esposa.

Por ejemplo: se han dado casos, que algún ancestro ha sido poseedor de demonios y poderes satánicos, a través de un pacto, entonces esos poderes al morir esa persona, buscan influir en algún descendiente.

Otro caso es el de las enfermedades que los médicos denominan sicosomáticas. Enfermedades donde la medicina no encuentra la razón de su existencia, entonces, muchas veces los mismos médicos recomiendan a sus pacientes pedir ayuda a algún curandero o bruja.

También, cuando oramos rompiendo maldiciones, como resultado, descubrimos que mujeres que no quedaban embarazadas, de repente sí pueden gestar una criatura. Otras veces ha habido maldiciones familiares que han dado lugar a fracasos matrimoniales, económicos, etc.

Aquellos que conocemos del obrar del Espíritu Santo sabemos que todos esos poderes, ante la presencia de Cristo, quedan reducidos a nada.

Existen diferentes ritos y denominaciones dentro del ocultismo. La más tradicional es «el espiritismo». En Suramérica, se le conoce como escuela científica «basilio». Ellos argumentan que los espíritus que invocan son del bien. Necesitan un «médium», es decir, un intercesor entre él o los espíritus y la persona que pide ayuda. Muchas veces las personas recurren a ese servicio buscando comunicarse con «el espíritu de algún ser querido». El médium, es quien siempre esta poseído por un demonio mayor. Las personas que recurren a estas sesiones, no solamente son engañadas, pues ellos muchas veces utilizan trucos, sino que, además, quedan influidas o poseídas por demonios.

La magia negra, se caracteriza por la invocación y prácticas directamente satánicas, en cambio la magia blanca, aunque es diabólica, usa como máscara, a la trinidad: Padre, Hijo y Espíritu Santo, pero solamente lo hace con el propósito de confundir. Muchas personas que libertamos, han confesado que habían sido engañados, pues en los lugares donde acudieron invocaban al mismo Jesús.

También podemos afirmar que muchos sacerdotes católicos, incluso, en el mismo vaticano practican estas magias.

En los años 1980 y 90, el padre Quevedo, uno de los sacerdotes más prominentes, anduvo por toda América presentándose como parasicólogo, lo cual es la misma práctica pero disfrazada con otro nombre.

Otra denominación es la santería, que se practica en Centro América, la cual es una práctica antigua, que utilizan nombres e imágenes de «santos».

En Suramérica, se conoce la Macumba, la Umbanda, la Kimbanda, las cuales son afro brasileras y tiene una conexión directa con el espiritismo. Estas tres también tienen ritos con santos y espíritus que poseen a los practicantes. Utilizan ritos como: baños con líquidos especiales, sangre de animales, pactos de sangre, invocación de espíritus y trabajos de brujería hasta para secar o matar personas.

Estas prácticas, en otras partes del mundo se les conoce con otros nombres.

También están las ciencias ocultas que se utiliza mucho en China, Japón y países vecinos, que están relacionadas al deporte como el Kárate, Take Wondo, KunFu, etc.

El Yoga y la meditación trascendental, se practica en Oriente, como en la India y países vecinos. Los «maestros de estas ciencias se les conoce como Vudues, Mantras, Chamanes, etc. Miles de personas recurren a ellos, buscando alivio para su alma.

Todas estas prácticas, de manera encubierta y más sofisticadas, ahora están en muchos países de Europa y América.

La mayoría de los que ejercen estas prácticas y otras, lo hacen sin saber que están poseídos por demonios, que pertenecen al reino de las tinieblas.

El espíritu del anticristo, realmente ha desplegado un ejército en la tierra, usando a personas que están dispuestas, ya sea a poseer poderes para desarrollar sus prácticas o para ganar dinero.

Existen organizaciones que encubren estas prácticas. Algunas son muy selectas, como: la masonería y la otra aunque más popular, también congrega gente selecta, me refiero a la nueva era.

La Masonería, es una especie de grupo de hombres que se reúnen para trabajar en el área espiritual. Sus intenciones son interferir e influir en los gobiernos, la política, el comercio, los militares y la cultural de los pueblos. Realizan pactos con el reino de las tinieblas y estos pactos son realizados en las encrucijadas, lugares claves de las ciudades, etc. Ellos han apoyado fuertemente, las campañas libertadoras de los pueblos de América. Hoy, la Masonería está en decadencia, como organización, pero a su vez ha surgido otra que es la Nueva Era.

Esta última, tiene una apertura más popular, pero es uno de los últimos ataques del espíritu del anticristo.

Enseña que todas las religiones conducen a Dios, que cada persona en sí mismo es un cristo, no creen en la resurrección sino en la reencarnación, en la adoración a los ángeles, en la superstición y por supuesto en todo lo que tiene que ver con el espiritismo.

La Nueva Era ha comenzado a moverse en los altos estratos sociales, está muy ligada al mundo homosexual y muchos de sus defensores manejan poderes políticos, económicos y religiosos.

En general, vemos que el espíritu del anticristo está preparando la venida de aquel personaje perverso que se ha de manifestar, echando contra la humanidad cosas que parecen inofensivas o necesarias pero luego arrastran a la perdición a los que se enredan en ellas.

Indudablemente, tanto la Masonería como ahora la Nueva Era, lo que procuran es desvirtuar las verdades Bíblicas y las experiencias con Jesucristo. Siempre han pretendido, desacreditar la persona y obra de Jesús, su deidad y su poder manifestado en la resurrección. Se oponen totalmente a las enseñanzas de la Palabra de Dios en cuanto a su ideología para ellos vale más la filosofía de la persona encumbrada por sus propios conocimientos. No creen en la resurrección de entre los muertos, pero sí aceptan y promueven la filosofía de la reencarnación, tradición oriental. Ellos han creado el famoso orden mundial, en lo político económico y religioso. La Iglesia Católica Apostólica Romana, no solamente defiende sino que trabaja para que esta propuesta se lleve a cabo. ¿De qué manera lo hace? Justamente, es lo que el Papa Juan Pablo segundo realiza con mucho énfasis en estos últimos años, unir a los diferentes credos, Católicos, Ortodoxos, Islámicos, Judíos, incluso los Luteranos como organización, etc. Esto es lo que conocemos como: Ecumenismo.

El espíritu del anticristo ha tomado posiciones y está trabajando duro para tratar de demostrarle a Dios que tiene poder y que millones caerán bajo su engaño. Lamentablemente lo está logrando, pues muchos en su ignorancia siguen sus disoluciones. Realmente se cumple lo que dice Pedro: Harán mercadería de vosotros. Ellos consideran a las personas como simple materia o número.

Dios nos enseña en su Palabra, que el único camino, verdad y vida es: Jesucristo. No existe otra verdad, no es verdad que todas las religiones conducen a Dios. Esa es una mentira del espíritu del anticristo, pues es una manera fácil de engañar a la sociedad.

Así actúa en las altas esferas. Como en la antigüedad, la mayoría de los gobiernos, están rodeados de hechiceros, adivinos, espiritistas, «iluminados», etc.; pues en su inseguridad, procuran tener control y mantener el poder conociendo el futuro. Estos son los antiguos sabios y magos que rodeaban a los reyes.

El problema es que todas estas prácticas están condenadas por Dios, pues para él son abominables:

Cuando hayas entrado en la tierra prometida, tendrás especial cuidado de no dejarte llevar por las costumbres corrompidas de las naciones que ahora viven allí.

Por ejemplo, cualquier israelita que presente su hijo para ser quemado en el fuego en sacrificio a un dios pagano, debe ser muerto. Ningún israelita podrá practicar la magia negra, la invocación de espíritus, la adivinación, ni el encantamiento, la hechicería ni ningún tipo de espiritismo. Cualquiera que haga estas cosas será abominable delante del Señor tu Dios. Las naciones cuya tierra donde tú entras a poseer practican todas estas maldades, pero el señor tu Dios no permitirá que tú practiques todas estas cosas (Deuteronomio 18:9-14; paráfrasis del autor).

Como verá, Dios abomina todas estas prácticas. Todas ellas están bajo maldición y dichas maldiciones son las que alcanzan a las personas que las practican. Cuando habla de «práctica», se está refiriendo, tanto al que lo ejerce como al que pide sus favores.

Este pasaje termina prohibiendo dichas prácticas. ¿Por qué Dios las prohíbe? Porque son totalmente opuestas a él y sus principios. Estas prácticas, son satánicas.

No solo los que hacen alarde de ser satanistas, son totalmente contrarios a Dios, sino también los que caen en la trampa de toda práctica que no sea la adoración y dependencia de Jesucristo, a través del Espíritu Santo.

Otra de las prácticas que Dios condena es la consulta a los horóscopos, tarot, videntes o cualquier forma que pretenda conocer el futuro. Veamos lo que dice Dios en su Palabra al respecto.

Deuteronomio 13:1-4: «*Cuando en medio de ti aparezca algún profeta o visionario, y anuncie algún prodigio o señal milagrosa, si esa señal o prodigio se cumple y él te dice: "vayamos a rendir culto a otros dioses", dioses que no has conocido, no prestes atención a las palabras de ese profeta o visionario. El Señor tu Dios te estará probando para saber si lo amas con todo el corazón y con toda el alma*».

Note que en el caso del horóscopo, que es el que aparece en todos los medios, sus signos, son los dioses antiguos que adoraban las naciones pagánas. Los videntes y soñadores, son personas que preparan estas adivinaciones, incluso también haciendo alarde de poseer poder. Estos poderes no son de Dios, pues si así fuera, él no los condenaría.

Damos gracias a Dios por la revelación de su Palabra, donde, desde la antigüedad nos advierte de estas prácticas y de sus consecuencias. Esto da la posibilidad de entender el mundo espiritual y el arrepentimiento más la renuncia a ellas.

Millones de almas lo consideran como algo normal y parte del sistema de la vida. Para ellos tenemos una respuesta, ante Dios, es anormal pues no proviene de él ni por él fueron establecidas.

Sí pertenece al sistema del mundo, pero eso no quiere decir que Dios lo apruebe. Estas prácticas han sido incorporadas al sistema, por hombres que despreciaron y rechazaron a Dios, como Creador y Señor del universo. Esto lo vimos en Romanos 1.

Dijimos que el ocultismo está emparentado con la idolatría, y este último pasaje lo declara.

La idolatría es un poder aparentemente inofesivo, pero realmente lo que hace es cegar el entendimiento y ridiculizar a la persona.

El primero de los diez mandamientos que Dios da, precisamente advierte sobre la idolatría y sus consecuencias.

En Éxodo 20:3 demanda:

«No tengas otros dioses además de mí».

No te hagas ningún ídolo, ni nada que guarde semejanza con lo que hay arriba en el cielo, ni con lo que hay abajo en la tierra. No te inclines delante de ellos ni los adores. Yo, el Señor tu Dios, soy un dios celoso. Cuando los padres son malvados y me odian, yo castigo a sus hijos hasta la tercera y cuarta generación».

Este primer mandamiento, es el que pasa por alto la iglesia tradicional, que tiene su base en Roma. Tanto su doctrina como sus templos están llenos de ídolos,

Note que los ídolos son considerados enemigos de Dios. Por otra parte, a los que se fabrican ídolos y se inclinan y les honran, Dios considera que es una manera de aborrecerle a él.

Las consecuencias son trágicas, habla de la maldición que alcanza a las generaciones siguientes.

Todos los países que se destacan por un alto índice de idolatría, son los países, donde mayor hambre, miseria, guerras, sediciones, pestes y desastres naturales existen.

Lo mismo ocurre con las familias y con los individuos.

Dijimos que la idolatría es algo ridícula, pues según podemos leer en el Salmo 135:15-18: «Los ídolos de los pagános son de oro y plata, producto de manos humanas. Tienen boca, pero no pueden hablar; ojos pero no pueden ver; tienen oídos, pero no pueden oír; ¡Ni siquiera hay aliento en su boca! semejantes a ellos son sus hacedores y todos los que confían en ellos».

Después de leer esta revelación y otras que están en las Escrituras, podemos afirmar que es tan ridículo un ídolo como los que los hacen y los que confían en ellos.

Un ídolo, está parado en un lugar donde lo pone su dueño, no existe aliento en él ni poder que pueda actuar. Realmente, la persona idólatra es considerada necia.

A veces, me subo a un taxi en Argentina, observo los amuletos, santos y objetos de superstición que llevan sobre el tablero y mi pregunta es: ¿Qué hacen allí?, generalmente la respuesta es la misma, bueno lo puso mi mujer. Luego pregunto ¿para qué sirven? Bueno, dicen que es contra la envidia y para protegernos de todos los males.

Es ridículo pensar que un simple trozo de tela, o un papel pintado, o una imagen de madera o plástico pueda tener poder para guardarnos de las asechanzas de Satanás o de los demonios.

Por esta razón, existe tanta maldad y tanto sufrimiento, porque los hombres prefieren confiar en algo muerto y no en el Dios Todopoderoso.

Aquel día, cuando asistí al hombre que había perdido su fortuna en los casinos, en las famosas mujeres y cuanto placer se daba, tenía detrás de su silla un mueble y sobre él, un altar con todos las estutillas que pudo conseguir. Estaban paradas como el día que fueron colocadas. El hombre clamaba por paz, por un cambio, por la salvación, pero allí estaban, nada pudieron hacer por él.

A veces le pregunto: ¿usted cree en Cristo? Me responden:

¡Por supuesto! Cómo no voy a creer. Entonces si creemos en Cristo, ¿por qué pone su fe en los ídolos y en la superstición? La respuesta es, por las dudas. Esto me hace pensar que la fe en Dios es dudosa, por eso comparten su corazón con los ídolos.

Hace poco, mi esposa y yo, fuimos a ministrar a un matrimonio al que los demonios los estaban atormentando. Tuvimos una batalla bastante intensa, pero no quedaban libres. Además de los pactos y trabajos de hechicería que habían practicado, la casa estaba llena de estatuas e imágenes de ángeles. Cuando pregunte si tenían un afecto especial por ellos, respondieron sí, tenemos un gran afecto. Inmediatamente me di cuenta que si bien no los adoraban, si los veneraban y confiaban que les ayudaban en los momentos de necesidad. Ellos se habían convertido en supersticiosos, por esta razón después de varios años de haberse convertido a Cristo, no eran libres. Gracias a Dios, ese día renunciaron a toda superstición y a los antiguos pactos con el diablo y quedaron totalmente libres.

Si vamos a amar y confiar en Dios, debemos hacerlo absolutamente. Dios no comparte su gloria con ningún ídolo, sino con aquellos que se entregan totalmente a él.

Todas las ramas del ocultismo están estrechamente relacionadas con la idolatría. Los demonios están escondidos detrás de los ídolos. Los ocultistas saben bien que los ídolos, amuletos, etc., esconden a los espíritus. Y el espíritu del anticristo aprovecha la ignorancia de la gente para hacerles creer que poniendo su fe en las imágenes y amuletos obtendrán beneficios. Lo que están obteniendo es maldición y fracasos.

La idolatría y el ocultismo, reflejan la gran necesidad humana de tener a alguién superior en quién confiar, depositar su fe y su esperanza.

Por esta razón, el espíritu del anticristo ha despertado el interés de algunos para que lo conviertan en un buen negocio.

En Hechos 19 encontramos el relato cuando el apóstol Pablo

tuvo gran éxito con la predicación del evangelio en la ciudad de Éfeso. Eso ocasionó una drástica reducción de las ganancias de los plateros que fabricaban templecillos de la diosa Diana, obteniendo una ganancia importante.

En nuestro tiempo, y en muchos países, vemos grandes multitudes que acuden con fe, incluso con muchos grandes sacrificios físicos, ante una imagen de alguna virgen o santo de su devoción. Pero también vemos alrededor del templo donde se les venera e implora, a multitud de comerciantes que venden reproducciones de imágenes y objetos de adoración y superstición relacionados con la hechicería y la magia. Basta acercarse a Buenos Aires, donde se encuentra la virgen de Lujan, a San Cayetano, patrono del trabajo, en el barrio de Liniers, donde cada día siete mil personas acuden ante su imagen para rogarle trabajo.

En muchos países de los que he visitado me he encontrado con el mismo cuadro. Recuerdo una visita que hice a Taiwán hace algunos años, impresiona ver la cantidad de ídolos e imágenes horribles, levantadas en las colinas donde se encuentran las pagodas donde adoran a Buda y otros dioses.

El espíritu del anticristo conoce la tendencia que existe en el ser humano de creer en lo que ve, y otras veces de sujetarse a las influencias del paganismo. Por esta razón influye sobre la humanidad, para que no crean en Cristo, sino en los ídolos.

Cuando Dios sacó de la esclavitud al pueblo de Israel, después de cuatrocientos años, y después de haber presenciado tremendos milagros, cruzaron el Mar Rojo en seco. Viendo hundirse en el mismo mar a todo el ejército enemigo, ante la ausencia de Moisés, que estaba en el monte con Dios, hicieron un becerro de oro, como el que vieron adorar en Egipto, proclamándolo su dios. Le adoraron y se descarriaron de tal manera, que Dios mató en ese día a miles, tragándolos la tierra.

Un día dos judíos, entraron en el Vaticano, maravillados se decían, ¡cuánto oro, cuánta riqueza! ¡Se ve que el cristianismo es un buen negocio, cómo veneran a sus santos!

Claro ellos veían todo lo contrario de lo que Cristo predicó. Él no enseñó a acumular riquezas, no predicó venerar a los santos, sino más bien, hacer el bien, enseñar a la gente a acercarse a Dios a través de Cristo y no a través de María.

Note, en toda la revelación bíblica, Cristo no quiso dejar su imágen, pues sino lo convertirían en otro ídolo. Él es Dios. Nos enseña que resucitó de entre los muertos y ascendió a los cielos. Esta es la verdad absoluta.

Veamos un poco más lo que piensa Dios de los ídolos: En Isaías 45:20 muestra su incapacidad e ignorancia:

«Reúnanse, fugitivos de las naciones; congréguense y vengan. Ignorantes son los que cargan ídolos de madera y oran a dioses que no pueden salvar».

Jeremías 10:5: «Sus ídolos no pueden hablar; ¡parecen espantapájaros en un campo sembrado de melones! Tienen que ser transportados, porque no pueden caminar. No les tengan miedo, que ningún mal pueden hacerles, pero tampoco ningún bien».

Los ídolos degradan a la persona. Romanos 1:22-23: «Aunque afirmaban ser sabios, se volvieron necios y cambiaron la gloria del Dios inmortal por imágenes que eran réplicas del hombre mortal, de las aves, de los cuadrúpedos y de los reptiles».

Basta observar un poco para comprobar cuántas personas son engañadas y viven como muertos en un ataúd asfixiante, sin posibilidad alguna de vida, mientras continúan dependiendo de los ídolos. La persona que confía en ellos termina haciéndose insensible a la voz de Dios.

En la Biblia se nos cuenta de Faraón, que era incrédulo, y que su corazón fue endurecido. La consecuencia fue terrible tanto para el cómo para su ejército y todo su pueblo. Sus ídolos le fallaron y sus hechiceros y sabios perdieron todo su poder.

Por el contrario, la voluntad de Cristo para el ser humano es darle vida y vida en abundancia. Cuando una persona se acerca a Jesucristo, llega a descubrir el verdadero poder, porque el evangelio es poder de Dios.

Ni un ídolo, ni una imagen ni ningún objeto de superstición, pueden suplantar a Dios. Por otra parte: Si confiamos plenamente, en cualquier cosa que no sea Dios, nos convertimos en idólatras. Es decir, todo aquello que ocupa el primer lugar en nuestro corazón es nuestro dios.

Puede ser un auto, una casa, el cónyuge, los hijos, o uno mismo.

Sé que esto va a impactar a aquellos que no lo sabían. Muchos años mi ídolo fue mi auto. Toda mi pasión estaba puesta en él, luego fue mi esposa, luego el trabajo, etc. Para algunos es, el deporte, los juegos de azar, el dinero, etc.

Conozco un amigo que es un hijo espiritual mío. Un día me di cuenta que Jesucristo ya no era su pasión. Él mismo confesó que todo su amor estaba sobre el dinero y después en su familia. Créame que oro por él para que se arrepienta y vuelva a Dios.

El espíritu del anticristo ha logrado distraer la atención de muchos, apartándolos de Dios y mezclándolos con el pecado. Por lo tanto es hora de hacer un examen. Si comprendemos que nuestro corazón está puesto en algo que no es el Señor, no lo endurezcamos como el Faraón. Debemos arrepentirnos para que la luz, el poder y la paz de Cristo vengan a nuestras vidas.

Salgamos de la maldición de la idolatría. Y recibamos con gozo la bendición de Dios.

En 1 Reyes 18:21 dice:«¿Hasta cuándo van a seguir indecisos? Si el Dios verdadero es el Señor, deben seguirlo; pero si es Baal, síganlo a él».

Es tiempo de decisiones. Aquella gente estaba confundida, pero Dios, conociendo su ignorancia, les estaba dando otra oportunidad.

Así es, hoy, es necesario tomar decisiones en cuanto a aquellas cosas que pueden ser nuestros ídolos.

El joven rico, amaba a Dios y conocía sus mandamientos, y en cierta forma los guardaba, sin embargo, en su corazón habían cosas a las cuales estaba aferrado y eran una prioridad en su vida. Él se vio confrontado y tuvo que tomar una decisión. Él quería ser discípulo de Cristo, pero no quería pagar el precio. Las posesiones y los ídolos que están en el corazón, solamente son ataduras.

Mucha gente, en su mente, desea agradar a Dios y les gustaría saber que Dios está complacido con ellos, pero si hay demandas o problemas, entonces abandonan la idea.

El espíritu del anticristo dice lo contrario a lo que dice Cristo.

Jesús dice: *Vende todo lo que tienes, dáselo a los pobres, y ven y sígueme.* El espíritu del anticristo dice: *Acumula tesoros en la tierra, no te importe los demás, vive como te dé la gana y sé un hipócrita religioso.*

La idolatría envanece a los hombres. Hay muchos que llevan una vida vana, es decir, viven para las vanidades del mundo. La posición, la extravagancia, la fama, los placeres, etc. Esto es otra forma de idolatría.

Definitivamente, la idolatría es un arma poderosa que utiliza el espíritu del anticristo, para envanecer al ser humano y separarlo de Dios.

EL ESPÍRITU DEL ANTICRISTO Y LOS FALSOS PROFETAS

Un profeta es quien recibe un mensaje de Dios para transmitirlo a los hombres.

La mentira es unos de los pecados que más aborrece Dios. Sin embargo, ha habido personas que con tal de lograr ciertas cosas que se han propuesto, no tuvieron reparos en mentir, especialmente en lo que está relacionado con el mensaje de Dios.

Como dijimos, la gente esta ávida de conocer su futuro, de cambios en su vida, de recibir la paz y la felicidad.

Otros necesitan hacer decisiones y ver qué caminos van a tomar y cómo van a satisfacer sus diferentes necesidades, las cuales solo un ser superior les puede satisfacer.

Los israelitas se habían acostumbrado a depender de los profetas. Ellos siempre eran bien recibidos y respetados por el pueblo. Sin embargo, en varias ocasiones, Dios reprendió severamente a estos profetas y llamó la atención del pueblo, pues estaban siendo engañados.

En algunos casos los falsos profetas actúan de manera tal que pareciera que lo que dicen y hacen es verdad y otras veces dicen y actúan en total oposición a la obra de Dios.

Mateo 7:15 dice: «Cuídense de los falsos profetas. Vienen a ustedes disfrazados de ovejas, pero por dentro son lobos feroces».

Jesús, permanentemente advirtió sobre el trabajo de estos falsos profetas. Él no se refirió a los que adoraban ídolos paganos, ni a los que formaban sectas extrañas, él se refirió a gente como los saduceos, que negaban la resurrección y otras verdades. También a los fariseos, que conocían las Escrituras y los mandamientos de Dios bien a fondo, sin embargo, habían agregado sus propios mandamientos, y ni ellos mismos eran capaces de cumplirlos.

También se refería a los «predicadores» que aparentaban ser hombres de Dios, pero disfrazaban la verdadera intención del mensaje, el despojo y la decepción.

Un anuncio que apareció en un periódico brasileño decía: «El pastor N. profetiza que Cristo vendrá a buscar a la iglesia el 11 de septiembre de 1992. Por tanto, llama a los fieles a despojarse de sus bienes para que no les quede a los malvados gobernantes» . Envíe sus ofrendas a:________________

Bien dice Pedro: Por avaricia harán mercadería de vosotros con palabras fingidas. Quizá parezca imposible, pero créame que multitudes son engañadas cada día por gente que solamente predican para llenar sus cuentas bancarias.

Estos falsos profetas tienen una característica, conocen la Biblia, como la conoce el diablo. Es cierto que Cristo ha de venir, pero dice que vendrá como ladrón en la noche y por eso debemos advertir: Cuidado con los ladrones de nuestros días.

No me refiero a los ministerios y ministros que manejan grandes sumas de dinero para la obra de Dios, que gracias al Señor hay muchos. Pues se necesita mucho dinero para extender el reino de Dios. Si no más bien a aquellos que en el nombre de Dios predican, profetizan y aun hacen milagros pero son hacedores de maldad.

En Mateo 7:21-23 dice Jesús: «No todo el que me dice: Señor, Señor, entrará en el reino de los cielos, sino sólo el que hace la voluntad de mi Padre que está en el cielo. Muchos me dirán en aquel día: Señor, Señor, ¿no profetizamos en tu nombre, y en tu nombre expulsamos demonios e hicimos muchos milagros? Entonces les diré claramente: Jamás los conocí ¡Aléjense de mí, hacedores de maldad!»

Es triste que en nuestros tiempos muchos de esos siervos nominales de Jesucristo hayan sido descubiertos como quienes actúan en su propio beneficio. Aquí y allá aparecen, inclusive los que son llevados ante la justicia por enriquecimiento ilícito.

Oremos para que aquellos que alguna vez recibieron el llamado de Dios, permanezcan firmes sin aceptar los engaños del espíritu del anticristo.

Existieron y existen hombres como: Jim Jones que en el nombre de Cristo, llevó al suicidio a casi mil personas en Guyana, hace pocos años atrás.

Algo para tener en cuenta es lo que Jesús previene en Mateo 24:23 : «Si en aquellos días alguién les dice que el Mesías está en este lugar o en el otro, o que apareció aquí o allá o en la ciudad de más allá, no lo crean. Porque se levantarán falsos cristos y falsos profetas que realizarán milagros extraordinarios con los cuales tratarán de engañar si es posible aún a los escogidos de Dios» (paráfrasis del autor).

Noten que los falsos profetas no solamente predicarán, sino que dirán que ellos son el Cristo y como si fuera poco, harán grandes milagros.

Ahora bien, si tienen poder para hacer milagros y no vienen de parte de Dios, como vino Cristo y los antiguos profetas como son: Elías, Eliseo, Daniel, etc. haciendo milagros tremendos con ellos, ¿de dónde tienen poder para hacer milagros?

El engaño en este caso, no consiste en hacer lo opuesto a la obra de Dios, sino al contrario, actuar de la manera más posible parecida.

El predicador Billy Graham, cuenta que en una oportunidad compró un anillo para regalarle a su esposa. Lo hizo con mucha alegría, pero poco tiempo después la joya comenzó a perder su color y su brillo como de oro. Lo llevó a un comerciante amigo y este le dijo que el metal no era verdadero sino solo una imitación. Había sido engañado.

Hay miles de personas que están siendo engañadas por falsos profetas y falsos milagreros como por falsos maestros. Cuando se presenten delante Dios, se llevarán una gran decepción.

Jeremías 14:14-16 dice: El Señor me contestó: «Mentira es lo que están profetizando en mi nombre esos profetas. Yo no los he enviado, ni les he dado ninguna orden, y ni siquiera les he hablado. Lo que les están profetizando son visiones engañosas, adivinaciones vanas y delirios de su propia imaginación. Por eso, así dice el Señor: En cuanto a los profetas que profetizan en mi nombre sin que yo los haya enviado, y que, además, dicen que no habrá espada ni hambre en este país, ellos mismos morirán de hambre y a filo de espada. Y el pueblo al que profetizan será arrojado a las calles de Jerusalén a causa del hambre y de la espada, y no habrá quien los entierre, ni a ellos ni a sus esposas, ni a sus hijos, ni a sus hijas; también les echaré encima su propia maldad».

Notamos que ni lo que dicen ni lo que hacen lo han recibido de Dios.

Estos falsos profetas y maestros, no solo están obrando a través de las sectas, la hechicería, etc., sino también se infiltran en el pueblo de Dios.

Miremos la advertencia en 2 Pedro 2:1-3: «En el pueblo judío hubo falsos profetas, y también entre ustedes habrá falsos maestros que encubiertamente introducirán herejías destructivas, al extremo de negar al mismo Señor que los rescató. Esto les traerá una pronta destrucción. Muchos los seguirán en sus prácticas engañosas. Desde hace mucho tiempo su condenación está preparada y su destrucción los acecha».

En esta advertencia que tanto nos conmueve, vemos cinco grandes declaraciones.

Primero: Declara que hubo y habrá tales maestros, lo cual quiere decir que su obra no ha cesado. Han cambiado los tiempos, los métodos y todo lo demás, pero el propósito es siempre el mismo.

Segundo: «Habrá entre vosotros», o sea, que estarán mezclados, infiltrados, en el pueblo de Dios, entre los santos.

Tercero: «Se introducirán encubiertamente». Recordemos la frase del Señor; serán como lobos disfrazados de ovejas. Actúan exactamente como el diablo. Siempre digo, que Satanás jamás se va a presentar tal como es, él siempre está agazapado y escondido detrás de las cosas y de las personas. Eso les permite permanecer más tiempo sin ser descubiertos, y quizá nunca lo sean.

Cuarto: «Predicarán herejías destructoras» es decir, que su fin será la destrucción del pueblo de Dios. Y ¿qué es una herejía, sino una doctrina mentirosa disfrazada de verdad bíblica?

Quinto: «Negarán al Señor que los rescató». Como salen de la Iglesia misma, han conocido al Salvador, es decir, por lo menos han conocido la verdad. Al respecto Juan hace una declaración en 1 Juan 2: 19: «Aunque salieron de entre nosotros, en realidad no eran de los nuestros; si lo hubieran sido, se habrían quedado con nosotros. Su salida sirvió para comprobar que ninguno de ellos era de los nuestros».

Para nuestra sorpresa, la mayoría de las sectas y falsas religiones que pululan por el mundo, incluso muchas de ellas poderosas en cuanto a lo económico y político, como mencioné anteriormente, fueron creadas por presuntos excristianos, inclusive exlíderes, pastores y evangelistas, profetas y maestros.

Mormones, Testigos de Jehová, la secta Moon, Ciencia Cristiana, etc. Todos estos movimientos son producto de la acción del espíritu del anticristo que apunta a la Iglesia de Cristo. No nos preguntemos entonces, dónde están, o si ocurrirá, pues ya está ocurriendo, por eso vemos tantas congregaciones en conflictos, abatidas y al borde de la destrucción.

Aunque aparentemente algunas no se vean así, podemos ver sus frutos.

Es triste saber que cada día se sabe de siervos de Dios que se han apartado de la senda del evangelio y se han hundido en las inmundicias, el error y los vicios. No hay forma más clara que pensar que son influidos por doctrinas de demonios como lo declara el apóstol Pablo en 2 Timoteo 4:1-2: «El Espíritu dice claramente que, en los últimos tiempos, algunos abandonarán la fe para seguir a inspiraciones engañosas y doctrinas diabólicas. Tales enseñanzas provienen de embusteros hipócritas, que tienen la conciencia encallecida».

Apostatar significa, renunciar a la fe y desviarse a otra doctrina, en este caso el apóstol las declara: «de demonios».

Permítame asegurarle que cuando Pablo se refiere a los últimos tiempos, está hablando de este tiempo. Pues las señales y acontecimientos mundiales son clara advertencia de los tiempos finales.

En cuanto a lo que continúa diciendo este pasaje: «prohibirán casarse» ¿No le recuerda algo? ¿No le recuerda la doctrina de la Iglesia Católica, que no permiten casarse a los sacerdotes?.

¿Usted sabe cuántas inmundicias han provocado dentro de esta iglesia, tales como la fornicación, el aborto, el homosexualismo?

Otro de los métodos es buscar la destrucción de la iglesia provocando disensión, divisiones en las congregaciones. Por eso dice que son lobos disfrazados de ovejas.

El método es la seducción, la incorporación de doctrinas que aparentemente son válidas pero que en realidad están lejos de los principios de Dios. Una de estas doctrinas es la cuestión de «las almas gemelas». Consiste en enseñar que en el caso del matrimonio, existe un alma gemela al de alguno de los cónyuges. Si en el matrimonio existen desacuerdos, entonces es cuestión de buscar la persona que posea esa alma que sí podrá suplir las necesidades del cónyuge. Por ejemplo, el esposo busca otra mujer que tenga el alma que concuerde con sus necesidades.

También se dan los casos de los enfrentamientos denominacionales, y los de los que son enemigos de la unidad del cuerpo.

Por ejemplo, el apóstol Juan en su tercera epístola vv. 9-10 nos dice lo siguiente: «Le escribí algunas líneas a la iglesia, pero Diótrefes, a quien le encanta ser el primero entre ellos, no nos recibe. Por eso, si voy no dejaré de reprocharle su comportamiento, ya que con palabras malintencionadas, habla contra nosotros sólo por hablar. Como si fuera poco, ni siquiera recibe a los hermanos, y a quienes quieren hacerlo, no los deja y los expulsa de la iglesia».

No sabemos con exactitud quién era el tal Diótrefes, pero sin duda alguna era alguien con una poderosa influencia en aquella congregación. Quizá era un pastor, un evangelista o un profeta. Pero, además, era vanaglorioso e impío, prepotente y se exaltaba a sí mismo. ¿Estaba fuera de la iglesia? No, pero su espíritu estaba falto de la mansedumbre que exige el Espíritu de Cristo.

Hace tiempo, cuando logré sintonizar un programa cristiano, quedé impactado, no por el mensaje maravilloso del evangelio o porque estaba sanando enfermos y liberando cautivos, sino por la dureza con que un Pastor atacaba a otro.

Otro método es el libertinaje que el espíritu del anticristo provoca en las Iglesias.

Judas dice en el versículo 4 de su epístola: «El problema es que se han infiltrado entre ustedes ciertos individuos que desde hace mucho tiempo han estado señalados para condenación. Son impíos que cambian en libertinaje la gracia de nuestro Dios y Señor».

De nuevo nos encontramos con gente que pertenecía a la iglesia pero no había comprendido que el camino de Dios es «la pureza».

Esa confusión se sigue apoderando de muchos en la Iglesia, en especial, cuando piensan que la gracia de Dios será tan grande como para permitirles vivir de cualquier manera, mal interpretando la libertad que nos da Jesucristo.

La santidad de Dios exige a quienes se adhieren a la iglesia, que se abstengan de los pecados, incluyendo todos aquellos que mancillan la carne. Todo esto destruye la imagen del creyente y al mismo cuerpo, que es la iglesia.

El libertinaje es la degradación de la libertad convirtiéndoseen corrupción e inmoralidad.

Hasta llega a ocurrir que algunos se echan con mujeres y varones diciendo que lo hacen en el «Espíritu». Otros cometen atrocidades que ni se pueden mencionar. Por ejemplo, leemos en 1 Corintios 5:1: «Es ya del dominio público que hay entre ustedes un caso de inmoralidad sexual que ni siquiera entre los pagános se tolera, a saber, que uno de ustedes tiene por mujer a la esposa de su padre».

Pablo escribe esta carta a una iglesia, que puede ser la suya o la mía. Indudablemente, ya en ese momento había un espíritu que guiaba a algunos hermanos a llegar a esa bajeza. Diremos que sí, que es el espíritu que los guía, pero es el espíritu del anticristo.

Desde los comienzos de la Iglesia, Cristo hace una serie de advertencias y reclamos, dados al apóstol Juan, en la isla de Patmos, cuando fue desterrado. Una de ellas la encontramos en Apocalipsis 2:15: «Toleras así mismo a los que sostienen la doctrina de los nicolaítas».

Según los estudiosos eran los seguidores de un tal Nicolás. Un anciano de la iglesia de Pérgamo. Este enseñaba la libre sexualidad, el adulterio como forma de vida y cosa similares a estas. Parte de la base de que la carne (ser natural) es algo secundario, y que está destinada a morir, y lo que se salva es el espíritu, por lo tanto con el cuerpo se puede hacer lo que uno quisiera. No es de extrañar, pues que esta doctrina existe hoy en día en muchas iglesias. Sin embargo, la doctrina de Cristo es totalmente opuesta. Leemos en 1 Corintios 6:19:

«¿Acaso no saben que su cuerpo es templo del Espíritu Santo, quien está en ustedes y al que han recibido de parte de Dios? Ustedes no son sus propios dueños».

Esta fuerte declaración se dirigía a aquellos que evidentemente estaban dentro de la Iglesia, pero estaban siendo influidos por el mal espíritu que sembraba aquellas doctrinas demoníacas.

La doctrina de los nicolaítas es la que hoy conocemos como: *gnosis* en griego.

Existe un cristal que se llama *NICOL*. Este Se utiliza para polarizar la luz. Cuando se antepone a la luz, produce el efecto de un eclipse. Ejemplo, cuando a plena luz del día, la luna se antepone completamente al sol, entonces, por varios minutos se hace de noche. El sol se esconde por completo y solo se pueden ver los rayos de alrededor. Así es el efecto de esta doctrina; opaca totalmente la luz de Cristo. Esa luz que tiene que iluminar al creyente y a la Iglesia queda opacada por el pecado y el libertinaje.

Todo aquello que provoca contienda, disensión y libertinaje, no proviene del Espíritu Santo, aunque pretenda tener base bíblica, proviene del espíritu del anticristo.

La sana doctrina exige denunciar el pecado sin temor y sin ambigüedad. Debe exaltar el nombre de Cristo encarnado, crucificado, resucitado y que pronto regresa. Si no se declara con franqueza a los hombres que son pecadores y que su única salvación está en la sangre del Cordero de Dios, se está dando lugar al espíritu del enemigo.

Un reconocimiento que Jesús le hace a la iglesia de Éfeso está en Apocalipsis 2:2: «Conozco tus obras, tu duro trabajo y tu perseverancia. Sé que no puedes soportar a los malvados, y que has puesto a prueba a los que dicen ser apóstoles pero no lo son; y has descubierto que son falsos».

No solamente nos confirma que algunos tiene apariencia de apóstoles, pero no lo son, sino que también nos dice que debemos probarlos y no soportarlos.

Otro aspecto de un falso profeta es el que Jesús denuncia en Apocalipsis 2:14, donde le reclaman que tienen la doctrina de Balaam. El espíritu de este profeta era de «codicia». Codiciar, significa, desear las cosas ajenas y procurar conseguirlas a costa de cualquier sacrificio, aun pecando o destruyendo a otros.

Existen miles de casos, que por codicia han destruido familias y matrimonios por el simple propósito de atrapar al cónyuge, tener relaciones sexuales y al final logran separarlos y se unen a esa persona. Así se producen muchos de los divorcios.

También había en la iglesia de Tiatira (Apocalipsis 2:20) un espíritu de seducción, fornicación, adulterio y de idolatría. Jesabel era una «profetiza» de la Iglesia, por lo que había un indicio que muchos cayeran en su misma trampa: la fornicación y la idolatría.

Realmente, parecen muy fuertes estas declaraciones, pero, cuando miramos la vulnerabilidad del ser humano, incluso de muchos cristianos, nos damos cuenta que el espíritu del anticristo obra aun dentro del cuerpo de Cristo. ¿Cuántos ministros y siervos son arrastrados por este espíritu?

¿Cuántos son envueltos por estas doctrinas demoníacas?

¿Cuál es la forma de detectarlos?

En primer lugar, pedir discernimiento a Dios para entender el espíritu del mensaje, si es del Espíritu Santo o si es del espíritu del anticristo.

El apóstol Juan en el capítulo 4:1 de su primera epístola comienza diciendo:

Amados hermanos, no crean a cualquiera que pretenda estar inspirado por el Espíritu, sino sométanlo a prueba para ver si es de Dios, porque han salido por el mundo muchos falsos profetas.

En segundo lugar, observar si da la gloria a Cristo, si proclama el plan de salvación y si su predicación y profecía se sujeta a la Palabra de Dios.

En los vv. 2-3 dice:

En esto pueden discernir quién tiene el Espíritu de Dios: todo profeta que reconoce que Jesucristo ha venido en cuerpo humano, es de Dios; todo profeta que no reconoce a Jesús, no es de Dios sino del anticristo. Ustedes han oído que éste viene; en efecto, ya está en el mundo.

En tercer lugar, es importante entender el lenguaje, el mensaje, y si este denuncia el pecado y presenta a Jesucristo como único redentor y mediador entre el hombre y Dios, así como si el amor de Cristo se refleja en el mensaje y en su vida.

Continúa diciendo Juan en los vv. 4-6:

Ustedes, queridos hijos, son de Dios y han vencido a esos falsos profetas, porque el que está en ustedes es más poderoso que el que está en el mundo. Ellos son del mundo; por eso hablan desde el punto de vista del mundo, y el mundo los escucha. Nosotros somos de Dios, y todo el que conoce a Dios nos escucha; pero el que no es de Dios no nos escucha. Así distinguimos entre el Espíritu de la verdad y el espíritu del engaño.

EL ESPÍRITU DEL ANTICRISTO Y LA EVANGELIZACIÓN

Según Ralph Mahoney, existen *tres grandes impedimentos* en la difusión del evangelio. Estos hacen difícil la evangelización en aquellos que nunca han oído las buenas nuevas y lo que Jesucristo ha hecho para salvar y bendecir todas las naciones. Estos son:

1. El clericalismo
2. Las deficiencias neumatológicas
3. La construcción de catedrales

Comencemos con esta última que podemos llamar: *La guerra babilónica.*

La mayoría de los líderes cristianos de la época moderna, no saben que los acontecimientos que sucedieron hace cinco mil años están afectando sus valores y acciones.

La influencia de Babel continúa en nosotros sustituyendo su agenda humanística, centralística y marcística, por lo que Dios ha establecido y ordenado. Esto nos está robando el verdadero propósito que Dios tiene para la Iglesia.

TRASFONDO DE BABEL

Cuando Noé y sus hijos salieron del arca las instrucciones de Dios fueron muy claras en Génesis 9:1:

Sean fecundos, multiplíquense y llenen la tierra.

Él tenía un propósito mundial.

En cuanto a ustedes, sean fecundos y multiplíquense; sí, multiplíquense y llenen la tierra. Génesis 9:7

Finalmente, este es el propósito de Dios.

En el capítulo 10 de Génesis, encontramos a uno de los hijos de Noe, Cam, quien cayó bajo maldición. Los estudiosos de la Biblia llegaron a una conclusión al decir: «Cam vio la desnudez de su padre», aparentemente está diciendo que trató de abusar sexualmente de su padre (homosexualismo).

Ahora Cam es el padre de los cananitas. Este juicio de maldición descendió sobre él y su descendencia.

El primer hijo de Cam fue Cus y este engendró a Nimrod, que llegó a ser *el primer hombre fuerte de la tierra* (Génesis 10:8).

El término griego *gibbowr* (que traducido es poderoso), significa «un guerrero poderoso y tirano». Él era cazador de hombres, a quienes esclavizaba y sometía despóticamente. Era un hombre que codiciaba el poder para dominar a los demás.

El versículo 10 nos dice: *Las principales ciudades de su reino fueron Babel ... en la región de Sinar.*

UN SISTEMA RELIGIOSO FALSO

Babel fue el resultado de la generación de los camitas bajo el liderazgo de Nimrod, quienes trajeron un sistema de religión falso al mundo. *Nimrod se movió bajó la inspiración satánica y demoníaca para producir tal substituto de lo que era algo real.*

Quiero identificar lo que es la religión Babel; cómo puede reconocerla y cómo puede tratar con ella, para que pueda romper la barrera babilónica en su iglesia y en su vida. Esta influencia antigua está entre nosotros hoy.

BABEL IMPIDE EL PROPÓSITO DE DIOS

¿Qué fue lo que hizo para convertirse en el gran impedimento del propósito de Dios?

La voluntad de Dios era que su pueblo se multiplicara y llenara toda la tierra y que la hiciera fructífera. ¿Qué se interponía para que todo el mundo fuera fructífero y cubierto con el conocimiento de Dios?

Era el «factor Babel». La influencia de Nimrod se insertó dentro del propósito divino para neutralizar lo que Dios se había propuesto.

Génesis 11:1-4 dice: *En ese entonces se hablaba un solo idioma en toda la tierra. Al emigrar al oriente, la gente encontró una llanura en la región de Sinar, y allí se asentaron. Un día se dijeron unos a otros: «Vamos a hacer ladrilllos, y a cocerlos al fuego.» Fue así como usaron ladrillos en vez de piedras, y asfalto en vez de mezcla. Luego dijeron: «Construyamos una ciudad con una torre que llegue hasta el cielo. De ese modo nos haremos famosos y evitaremos ser dispersados por toda la tierra.»*

Dios quería que su pueblo fuera esparcido, que fuera fructífero, que se multiplicara y que llenara toda la tierra. Pero Babel existía para impedir este propósito.

Ellos comenzaron a edificar la torre por si eran esparcidos, y de esta forma pensaron que impedirían que tal cosa sucediera.

La religión Nimrod todavía es muy prominente en el mundo, y su influencia desplaza una espesa sombra sobre la Iglesia Cristiana.

¿Cuáles son las marcas de Babel?

1) «Vamos a hacer ladrillos, y a cocerlos al fuego». La iniciativa humana, fuera de la voluntad de Dios y en contradicción a la misma se elevó a lo sumo, diciendo: «Vamos a hacer».

Compare eso con Mateo 16:17-18 donde Jesús dijo: «Edificaré mi iglesia». Iniciativa divina.

La iniciativa divina complementa el propósito de Dios.

La iniciativa humana es: «vamos a hacer ladrillos»

La iniciativa divina es: «edificaré»

El «vamos a hacer», conduce a las torres de Babel actuales. El «edificaré» conduce al desenvolvimiento de la evangelización del mundo.

¿Sabía usted que Jesús es un maestro de obras por excelencia?

Su propósito es mundial y lo que ejecuta jamás, pero jamás será confinado a un solo lugar.

El asunto babilónico será localizado y será enfocado totalmente hacia un lugar; ellos mismos. El énfasis será sobre la «iglesia local». El término local, no está en la Biblia. Esa es la distinción mayor y usted debe ser un buen observador y tener cuidado al respecto.

¿Suena esto como la ambición de muchos pastores en las naciones occidentales? Por supuesto que sí. Muchos de ellos son los Nimrods de los tiempos modernos; arrogantes en sus ambiciones «locales» y en su ego; edificadores de sus propios planes y con sus voluntades contra el propósito de Dios hacia la evangelización mundial.

Así que en contraste con: «Construyamos una ciudad, construyamos una torre, construyamos para arriba».

La gran comisión nos dice: *Vayan por todo el mundo y anuncien las buenas nuevas a toda criatura.*

El propósito de Dios todavía es: *Sean fecundos, multiplíquense y llenen la tierra.*

El espíritu babilónico es: «construyamos hacia arriba» en lugar de hacia «afuera».

¿Pastor, cuál de estas dos cosa está haciendo usted hoy?

EDIFICADORES DE CATEDRALES

No es un accidente que Nimrod y Babel todavía estén afectando hoy. No quiero detallar medidas y formatos de la torre que quisieron construir, pero sí quiero decir, que la misma imaginación, los mismos planes y propósitos son los que tienen muchos líderes de la iglesia local en la actualidad.

¿Por qué los líderes de la iglesia en las naciones occidentales edifican catedrales con torres o campanarios muy elevados? «Construyamos una ciudad con una torre que llegue hasta el cielo. De ese modo nos haremos famosos y evitaremos ser dispersados por toda la tierra.»

He dicho con frecuencia la manera en que los líderes de la iglesia emplean licenciosamente todo el dinero en edificios, como si la gran comisión dijera: «Vayan por todo el mundo y construyan catedrales para cada criatura».

Jesús y los primeros apóstoles pusieron todas sus energías en llevar el mensaje, no en preparar mezclas para los ladrillos.

No hubo catedrales hasta la época de Constantino. (Cerca de 400 años después de Cristo). Este emperador romano «convertido» altera radicalmente la iglesia. Introduciendo la política dentro de la misma creó la unión del estado y la iglesia.

Convirtió los templos paganos en catedrales y de esta manera introdujo las vanidades de Nimrod dentro de la tradición eclesiástica. Su influencia trajo como resultado los 1000 años de apostasía conocida con el nombre de «el oscurantismo o la edad oscura».

RECIBAMOS ADORACIÓN

Nimrod, tomó el lugar de Dios. Se proclamó a sí mismo emperador y dios de Babel. Se convirtió en la primera deidad política del mundo. Él fue quien inició el sistema de emperadores deíficos, tal como el que tenemos en el emperador de Japón que se le adora y venera como si fuera Dios. Los egipcios con sus faraones y sus Zigurats (catedrales). Los Aztecas y los Incas siguiendo el mismo modelo. En India, Laos y Cambodia, los hindúes con sus catedrales y adoración a Buda, etc.

Esa influencia religiosa antigua rodea el globo y trajo el abrazo satánico que consume a la raza humana con todas las maldiciones que le acompañan.

Los discípulos primitivos se arriesgaron a ser prisioneros y aun a morir al llamar a Jesús *kurios* (Señor).

Es muy interesante para mí, que la palabra griega traducida *anticristo* sea definida en la concordancia Strong como: «en lugar de», por lo que se usa a menudo para denotar sustitución.

Esta no es solamente una palabra de oposición a Cristo, sino que significa tomar o usurpar el lugar de Cristo.

¿Ha escuchado a alguien decir del jefe prelado de la iglesia romana que es el vicario de Cristo sobre la tierra. Que toma el lugar de Cristo?

También los obispos Anglicanos son «señores espirituales» y «señores temporales». Ellos disfrutan de un asiento reservado en la casa de los Señores (Marqueses) en el Parlamento de Inglaterra.

HAGÁMONOS UN NOMBRE

Esto no es otra cosa que: denominacionalismo sectario, saturado de arrogancia de la peor clase.

La palabra denominar significa «llamar». Esta influencia ha turbado la Iglesia desde el primer siglo. Pablo tuvo que tratar con eso, al igual que Jesús con sus discípulos.

1 Corintios 1:12 dice: Me refiero a que unos dicen: «Yo sigo a Pablo»; otros afirman: «Yo, a Apolos»; otros: «Yo, a Cefas»; y otros: «Yo, a Cristo.»

El identificarse o pertenecer a una denominación no es malo.

Lo que es malo es el orgullo o la arrogancia de creerse selecto.

Lo exclusivo y lo sectario no debe estar en el corazón ni en la mente de ningún seguidor genuino de Cristo.

La religión de Babel pone su foco sobre la satisfacción del individuo, las expresiones religiosas autocéntricas, en oposición al punto de vista mundial, y la causa que Dios tenía en su mente.

Todo esto ha sido un obstáculo a través de los siglos para antagonizar y frustrar el propósito de Dios.

También el peor enemigo de la difusión del verdadero conocimiento de Dios y del evangelio desde la época de Nimrod hasta el presente.

LA ACTITUD DEL CRISTIANO PARA VENCER

Todo esto nos demuestra que el espíritu del anticristo no solo está rondando por el mundo, cerca de la iglesia, sino que esta le ha abierto las puertas y ventanas, permitiéndole el acceso, de modo que perturbe la acción del Espíritu Santo. Trabando las obras de la verdadera iglesia, del verdadero Señor, los verdaderos profetas, milagros, avivamientos y las genuinas conversiones.

El espíritu del anticristo levanta rivales del Espíritu Santo fuera y dentro del cuerpo de Cristo, con el propósito de deslucir y destruir el cuerpo.

A veces ha logrado destruir a hombres y mujeres que alguna vez anunciaron el evangelio, echándoles a las fieras, a los hornos de fuego, torturándoles y arrastrándoles por las calles.

Otras veces de repente cayeron en pecado y se transformaron en difamadores del evangelio y del nombre de Cristo.

La forma más simple en que el Señor nos enseña cuál debe ser nuestra actitud, al igual que sus discípulos, para vencer es: permanecer en su camino y en sus pensamientos (Isaías 55).

Lo más importante para aquel que se ha decidido por el evangelio es luchar por permanecer.

Así lo dice el apóstol Juan en el capítulo 1 de su primera carta: «Lo que ha sido desde el principio, lo que hemos oído, lo que hemos visto con nuestros propios ojos, lo que hemos contemplado, lo que hemos tocado con las manos, esto les anunciamos respecto al Verbo que es vida».

Para permanecer, siempre debemos tener la convicción de la promesa de Jesús que está con nosotros en el tiempo. También como dice Gálatas 2:20: «Y ya no vivo yo sino Cristo vive en mí».

Lo primero entonces es conocer nuestra posición en Cristo.

Lo segundo es que debemos tener en cuenta que el espíritu del anticristo tiene propósitos, especialmente en los momentos en que somos tentados por la duda. El enemigo comienza creando duda y confusión. Ya hemos visto que sus métodos operan desde todos los ángulos, dentro y fuera de la iglesia. Tiene acceso a todos los medios y organismos de la sociedad, por medio de los cuales intenta desacreditar la Palabra de Dios, el sacrificio de Cristo, las promesas y los juicios del Señor.

El ejemplo más claro lo tenemos en lo que hizo cuando actuó con Eva en el principio de los tiempos; primero le creó la duda y luego desacreditó a Dios, para luego tentarla a la desobediencia, logrando su objetivo destructor. En una palabra, Eva se desvió sin permanecer.

No debemos dudar de nuestra fe ni por un momento. Todos

deberíamos tener a flor de labios la declaración de Pablo: *Porque sé en quién he creído* (2 Timoteo 1:12).

Debemos estudiar la Palabra de Dios para afianzar esa fe encarnada en nuestras convicciones. Debemos grabarla en nuestro corazón.

El diablo, tentó a Jesús, en el monte de la tentación. Hizo lo imposible para hacerle caer en la trampa. Lo tentó con todo lo que un ser humano puede resistir. Sin embargo, el mismo usó pasajes de las Escrituras, entonces Jesús lo venció con la misma Palabra.

Todos los que se desvían, los que fracasan, los que son vencidos, son aquellos que no han sido edificados sobre la Palabra de Dios. Aún puede ocurrir, de lo que doy fe, hay quienes pueden ostentar certificados de estudios teológicos, pero luego han caído groseramente porque su corazón no estaba arraigado en la Palabra del Señor.

Si estamos fortalecidos en la fe y tenemos un profundo conocimiento de las Escrituras, estamos convencidos de nuestra decisión y del poder que actúa en nosotros. Simplemente lo que necesitamos es don de discernimiento.

Pablo nos dice en Efesios 6:12 que nuestra lucha es espiritual. A veces no alcanzamos a entender ciertas actitudes de nuestros hermanos o del mundo que nos rodea. Debemos darnos cuenta que todo lo negativo es del espíritu del anticristo, tal como lo hemos dicho reiteradamente. Nuestras luchas no son contra los seres humanos, no contra nuestra familia ni hermanos de la iglesia, nuestras luchas son contra las fuerzas espirituales «de maldad». El don de discernimiento es el que nos permite descubrir. Cuánto de esa obra se está llevando a cabo.

Algunos cristianos creen que ese don está al alcance solo de unos pocos. Pero, no es así. En 1 Corintios 12:10 el discernimiento de espíritus es mencionado como uno de los dones que existen en la iglesia y que lo pueden tener más de uno de sus miembros.

No debemos confundir el don de discernimiento con la búsqueda de defectos, es decir, no debemos dedicarnos buscar defectos y errores que nuestros semejantes puedan tener o cometer, pues nos convertiríamos en jueces.

Debemos ser maduros. En Hebreos 5:14 leemos: «En cambio, el alimento sólido es para los adultos, para los que tienen la capacidad de distinguir entre lo bueno y lo malo, pues han ejercitado su facultad de percepción espiritual».

Este pasaje nos dice que para ejercer ese don es necesario alcanzar madurez, es decir, los que están llenos de entendimiento, que es un fruto del Espíritu Santo. El discernimiento no llega solo a través de los esfuerzos de nuestra razón. Es producto del ejercicio, basado en un conocimiento profundo de las Escrituras.

El que actúa con discernimiento no lo hace con rapidez en cuanto a juzgar y acusar a los demás y sus actitudes. Este es fruto del Espíritu Santo y nos enseña a detectar cuál es el espíritu que mueve en las personas a nuestro alrededor, y aun dentro de nosotros mismos. Podemos descubrir, si se trata de un espíritu de envidia, de celos, orgullo, soberbia, adulterio, antagonismo, división, apatía, calumnia, etc. Así como si es algún fruto del Espíritu Santo.

Si no tenemos discernimiento, cuando nos enfrentamos a alguna situación que nos confunde, estamos en peligro, inclusive, porque quizá ni siquiera nos demos cuenta de que estamos siendo atacados.

Debemos buscar algún pastor o hermano que posea ese don. Muchos sufren o fracasan porque no lo han hecho.

Como cristianos, somos soldados del ejército del Señor. Pablo dice en 2 Corintios 10:3-4: «Pues aunque vivimos en el mundo, no libramos batallas como lo hace el mundo. Las armas con que luchamos no son del mundo, sino que tienen el poder divino para derribar fortalezas».

Inevitablemente, estamos envueltos en una guerra espiritual. Cada creyente debe aprender a vencer sus batallas. Las que se generan en su propia vida, cuando la carne se revela contra el Espíritu.

Lo que podemos corroborar en Gálatas 5:17.

Existen también las que se originan en el seno familiar, como las de la sociedad y ante cada circunstancia que hemos mencionado en este libro.

Ahora note que dice que debemos destruir fortalezas. Esas fortalezas son espirituales y operan tanto en la mente como en el mundo que nos rodea.

Por esta razón, debemos estar bien fundamentados y echar raíces profundas. El poder obra y crece cuando conocemos a fondo nuestros fundamentos. Un árbol crece y da buena sombra y frutos cuando tiene una raíz profunda y es bien cuidado. Así es como el cristiano debe conocer y afianzarse en la sana doctrina, que es la buena tierra que fortalece y sostiene. El cristiano, además de disfrutar de las bendiciones de Dios, tiene un compromiso. Este es, dar buenos frutos.

Un día Jesús tuvo hambre, se acercó a una higuera para tomar fruto de ella, como no lo halló, entonces maldijo la higuera. Esto fue una lección para los discípulos. El cristiano que no da frutos, corre el riesgo de caer bajo maldición.

Cuando una planta se va a convertir en árbol, sufre un proceso de crecimiento, en el cual la planta sufre cambio, fricciones y transformaciones.

Así es con el creyente, el proceso de crecimiento no es fácil, hay tensiones, fricciones y sufrimientos, que representan las luchas de nuestra vida.

Nuestra lucha es espiritual, y cualquier consejo o ayuda humana puede resultar erróneo, pero la Palabra de Dios nunca falla. Por eso debemos verificar que lo que se nos enseña tenga una verdadera base bíblica, es decir, que aunque citen las Escrituras, no se basa en algún pasaje aislado sino que todo el contexto es producto del Espíritu.

Nuestra gran necesidad es la doctrina. Esta palabra significa: enseñanza e instrucción y para un cristiano la única posible, es la bíblica, para permanecer y vencer.

Otro mandato importante del Señor es: «!Despierta!» (Apocalipsis 3:2) que es similar a la de 1 Pedro 4:7: «Para orar bien, manténganse sobrios y con la mente despejada». Debemos reconocer que una de las cosas que más le cuesta a los cristianos es orar. Ya sea por las ocupaciones, la ansiedad o todo aquello que no ha muerto del viejo hombre.

Si no podemos mantenernos sobrios y con la mente despejada, no podemos orar y estar en comunión con el Espíritu y mucho menos podemos alcanzar victorias.

En la misma carta Pedro reitera diciendo: «Practiquen el dominio propio y manténganse alerta. Su enemigo el diablo ronda como león rugiente, buscando a quién devorar. Resístanlo, manteniéndose firmes en la fe, sabiendo que sus hermanos en todo el mundo están soportando la misma clase de sufrimientos».

El espíritu del anticristo aparece en cualquier lugar y momento. Se mete en todas partes, pues siempre está hambriento. Por eso se necesita mucho poder, discernimiento y autoridad para resistirlo y vencerlo. Se hará presente en casa, en el hospital, en el viaje, en la escuela, en la televisión, en la música, en la justicia, en los gobiernos, en la religión, etc.

No debemos mezclarnos con el mundo del pecado. Pablo dice

en 2 Timoteo 2:4: «Ningún soldado que quiera agradar a su superior se enreda en cuestiones civiles».

Por supuesto, no está diciendo que no debemos trabajar para sostener nuestra familia y hacer nuestro aporte en el bienestar de la comunidad, sino que no debemos hacerlo con el espíritu del mundo, mezclándonos en el pecado. Debemos mantenernos en santidad.

Si vivimos en santidad, si tenemos discernimiento y si estamos alerta en oración, no solamente estamos preparados para descubrir sus obras, sino también, entrar a su terreno y arrebatarle lo que posee; las almas.

El creyente que conoce el poder de Cristo y se apoya en él, no solo podrá defenderse, sino que podrá entrar a las puertas del mismo infierno y arrebatarle las almas al diablo.

Por supuesto que el enemigo no se quedará tranquilo, seguramente va a presentar batalla, pero no debemos tener temor, él está vencido.

Jesús dice en Mateo 16:18: «Sobre esta piedra edificaré mi iglesia, y las puertas del reino de la muerte no prevalecerán contra ella».

El mundo está en tinieblas, y el espíritu del anticristo lo tiene confundido. La gente está en ignorancia y no tiene la luz. El mundo gime desesperadamente buscando un cambio, una salida.

Nosotros tenemos la única alternativa: ¡Jesucristo la luz del mundo! No se enciende una luz y se pone debajo del almud, sino se pone en el lugar más alto para que alumbre a los que están en tinieblas.

CONCLUSIÓN

Estamos según las señales que nos dejó establecidas el Señor Jesucristo, en los últimos tiempos, donde la iglesia debe ofrecerse al mundo como el único lugar donde las personas y las familias pueden acudir para escapar de las garras del espíritu del anticristo. Si es así, debemos poner todo nuestro empeño en el único camino para ser libres de las obras del enemigo de las almas. Cristo nos dio autoridad para deshacer las obras del diablo. Con esa autoridad, con la unción del Espíritu Santo, y con el poder del nombre de Jesús, podemos combatir con una victoria anticipada, pues en Cristo, *somos mas que vencedores*.

El apóstol Pablo nos aconseja, redimir el tiempo, es decir, sacarlo de lo inútil y negativo. No debemos perder las oportunidades para proclamar la Palabra de Dios y predicar el evangelio. Usar los medios de comunicación, cualquier lugar donde podamos, en las esquinas, las escuelas, los hospitales, cines, estadios, plazas, etc.

Como cuerpo de Cristo, debemos mantenernos unidos para ganar las batallas en todas las áreas de conflicto donde trabaja el espíritu del anticristo.

Son muchos los testimonios de creyentes que se han puesto de acuerdo para pedir algo del Padre que está en los cielos y él se los ha concedido.

Por ejemplo, hubo una ocasión en que un celebre brujo argentino, que usaba el nombre de TU-SAM, realizaba funciones en el teatro. Formaron un grupo que se puso de acuerdo para orar y ayunar y presentarse en la misma sala donde daba sus funciones. Como consecuencia, no solo fracasó aquella función, sino que finalmente se fue bien lejos, a Miami, aunque para este tiempo ya murió y ahora espera el juicio de Dios.

Si los cristianos nos pusiéramos de acuerdo para luchar contra los síquicos, los brujos, adivinos, espiritistas, etc., Dios nos daría grandes victorias.

Recuerdo en una ocasión cuando habíamos orado mi esposa y

yo, pidiendo a Dios, que nos concediera los espacios de TV, que tenía un conocido brujo internacional, Walter Mercado. Al cabo de dos meses, Dios respondió a dicha petición y pudimos sacarlo de un canal de Miami y en su lugar poner nuestros programas. Imagínese lo que pasó. El programa tenía el teléfono de nuestra oficina; yo quería escuchar la reacción de los seguidores de este brujo. Cuando el programa salió al aire, comenzó a sonar el teléfono. La primera en llamar fue una mujer desesperada, preguntando ¿quiénes éramos nosotros, de dónde salimos, qué hacíamos? Claro, ella como otros miles esperaban a su falso profeta y se encontraron con el mensaje verdadero del evangelio.

Sintamos a la iglesia como un poderoso ejército del Omnipotente en la tierra. Es hora de levantarnos, pues no queda lugar para el ocio, para las dudas y mucho menos para el pecado. Que nuestra alma se conmueva al ver a millones de drogadictos, homosexuales, prostitutas, delincuentes, idólatras, falsos religiosos, falsos profetas, intelectuales confundidos, hechiceros, etc. En resumen, millones que están esperando nuestra ayuda.

Tal vez estas páginas las lea alguién que comprende que el espíritu del anticristo aún lo tiene atrapado en el pecado, en alguna de las áreas que hemos mencionado. Quizá comprenda que necesita ayuda para ser restaurado y libertado, debe comprender que esa ayuda está disponible en Jesucristo, en cuyo nombre, la iglesia proclama la verdad libertadora del evangelio que nos da la victoria.

Quien así lo sienta, debe clamar a Dios diciendo en sus propias palabras: «Señor Dios, tú conoces toda mi vida. Me siento pecador y te pido perdón por cada uno de mis pecados. Libérame ahora mismo para que pueda servirte fielmente al estar lleno de tu Espíritu Santo.

Gracias, mi Dios por la obra redentora de tu hijo Jesuscristo en la cruz, a quien me entregro ahora mismo en tu nombre te doy mi vida. Amén».

Haga esta oración con sinceridad y verá la ayuda de Dios.

Aliméntese espiritualmente de las Sagradas Escrituras y únase a una iglesia cristiana, donde podrá recibir amor y apoyo espiritual, para crecer en fortaleza y ser de beneficio a muchos que también necesitan de esa victoria, en una nueva vida.

¡Alabemos siempre a Cristo porque en él encontraremos el triunfo sobre el enemigo y viviremos con poder y gozo! A él sea toda la honra, la gloria y el poder.

FUEGO DEL CIELO

Esta no es una novela más acerca del tiempo final. Es la novela de ficción más intensa y profunda del momento. Mientras la pareja protagonista se prepara para luchar en contra del mismo Satán, deben vivir para proclamar las verdades que Cristo le ha dejado a la Iglesia. La pareja batalla desde América hasta Jerusalén en contra de las fuerzas del infierno mientras descubre los verdaderos sacrificios de seguir a Cristo.

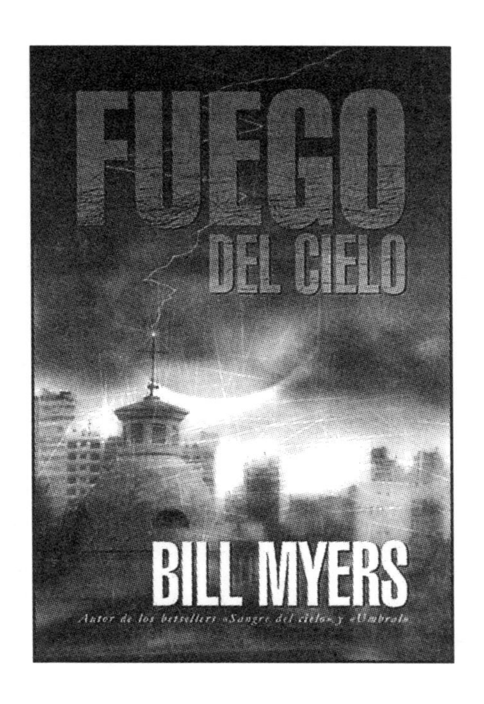

ISBN 0-8297-2899-6

LA GUERRA INVISIBLE

Un estudio del gran conflicto espiritual que existe entre el bien y el mal. Este libro ofrece respuestas a preguntas que existen en la mente de los humanos, preguntas acerca del juicio, sufrimiento y las dificultades de la vida. También ofrece algunas sugerencias para enfrentar los obstáculos de la vida.

ISBN: 0-8297- 2224-6

LA BIBLIA THOMPSON
MILENIO

Celebremos la llegada del nuevo milenio con la Biblia más exitosa del siglo pasado.
La Biblia Thompson es una joya de incalculable valor en la vida del cristiano de hoy.

ISBN 0-8297-3218-7

DESCUBRE EL CAMINO HACIA LA INTIMIDAD CON DIOS

La *Biblia de Estudio Misionera* se elaboró para ayudarte a cultivar una relación con Dios.
Esa que buscas desde hace tiempo y que Dios creó para ti. Asimismo, es el corazón de Juventud Con Una Misión (JuCUM). Al fin, he aquí una Biblia que te ayudará a despejar las dudas de tu crecimiento y preparación cristianos y te ayudará a determinar dónde te encuentras en el camino hacia la madurez. Si quieres dejar la vida cristiana monótona, esta Biblia es para ti.

ISBN 0-8297-2178-9 ISBN 0-8297-2179-7

BIBLIA DE ESTUDIO NVI

La primera Biblia de estudio creada por un grupo de biblistas y traductores latinoamericanos. Con el uso del texto de la Nueva Versión Internacional, esta Biblia será fácil de leer además de ser una tremenda herramienta para el estudio personal o en grupo. Compre esta Biblia y reciba gratis una copia de *¡Fidelidad! ¡Integridad!*, una guía que le ayudará a aprovechar mejor su tiempo de estudio.

ISBN: 0-8297-2401-X

Nos agradaría recibir noticias suyas.
Por favor, envíe sus comentarios sobre este libro
a la dirección que aparece a continuación.
Muchas gracias.

Editorial Vida
8325 NW. 53rd St., Suite #100
Miami, Florida 33166-4665

Vidapub.sales@zondervan.com
http://www.editorialvida.com